KURT KLEIN

Heckenrösle aus dem Schwarzwald

Erzählungen und Berichte
über Land und Leute

Mit zahlreichen Abbildungen
des Autors

WALDKIRCHER VERLAG

Allen, die mir in meinen bisherigen 65 Lebensjahren hilfsbereit, ermutigend
und wohlwollend zur Seite gestanden sind, in großer

DANKBARKEIT

herzlich zugeeignet.

Zu diesem Band sind auch eine Anzahl von Geschichten aus den längst ver-
griffenen Büchern »Einer findet den Weg«, »Rund um den Brandenkopf«,
»Geheimnisvoller Schwarzwald« und »Unbekannter Schwarzwald« aufgenommen worden.

Inhalt

I. DURCH TÄLER – ÜBER HÖHEN

II. DER VÄTER BRAUCH UND ARBEIT

III. EIN TAGEBUCH BERICHTET

I.
Durch Täler –
über Höhen

Ein Märchenauge der Natur

Neben den großen Gewässern wie Schluchsee und Titisee finden wir im Schwarzwald eine Vielzahl mehr oder weniger bekannter kleinerer Seen und wildromantischer Hochmoore. Meist schmiegen sie sich in malerischen, zerklüfteten Felskesseln an die Gipfel und Kämme der Berge, wofür uns der Feldsee, der Nonnenmattweiher, der Glaswaldsee oder der Wildsee (beim Ruhestein) ein beredtes Zeugnis geben.

Dann aber treffen wir da und dort auch auf den langgezogenen Bergrücken auf die geheimnisvollen, märchenhaften, langsam verlandenden Hochmoore, aus denen gleich gespenstischen Augen die grauschwarzen, unheimlichen Wasser hervorlugen. Ein Beispiel für diese Naturschönheiten des Schwarzwaldes sind der Blindensee bei Schonach und der Wildsee in der Nähe von Wildbad. In ihrer Entstehung weisen uns die meisten dieser »Seeaugen« in jene Zeit, da unser Gebirge noch mit einem dicken Eispanzer überzogen war und die Gletscher von den Höhen durch die Täler stießen. Andere verdanken ihre Entstehung, ihren Fortbestand den wasserundurchlässigen Schichten, die in ihren Mulden die Niederschläge zurückhalten.

Der bekannteste See des Nordschwarzwaldes dürfte der Mummelsee sein, der sich in einer Höhe von 1036 m direkt an den Südhang der Hornisgrinde (1164 m) als der höchsten Erhebung des nördlichen Teils unseres Mittelgebirges am Oberrhein anschließt. Heute hat der See durch den Massentourismus, vor allem aber durch die unmittelbare Lage an der einmalig schönen Schwarzwaldhochstraße, tagtäglich einen ungeheuren Besucherandrang zu verkraften, zu ertragen.

Wie ruhig, vielleicht sogar beängstigend war es noch um die Jahrhundertwende um dieses Märchenauge der Natur, als nur Fußwege den Wanderer an seine Gestade führten und das 1899 erbaute Hotel Einkehr Schutz und Stärkung bot. Und doch hatte sich der Mummelsee schon längst in die Herzen des Volkes eingegraben und die Sagenwelt der Heimat bereichert.

So erzählten an den langen Winterabenden die Alten in den Bauernstuben vom Tanz und dem wunderbaren Gesang der aus dem Wasser auftauchenden nixenhaften Mümmlein, die dem See den Namen gaben. Wehe aber dem Menschen, der dem wundersamen, der Erde entrückten Spiel lauschte und dabei entdeckt wurde! Der See kochte plötzlich auf, trat springflutartig über die Ufer, erhaschte den neugierigen Späher, zog ihn hinab in die Fluten oder brachte ihn um den Verstand, wenn die Flucht noch gelang. So grausam war die Rache des gestörten Seekönigs! Dieser wohnte auf dem Seegrund, am Schlund, am Tor zur Unterwelt. Dort wuchs aber auch die »zarte blaue Blume«, die dem Unsichtbarkeit verlieh, der sie mit der linken Hand umfassen konnte.

Der Mummelsee nach einer alten Darstellung.

9

Die Mümmlein waren aber auch hilfsbereite, unterhaltsame Geschöpfe, die gerne abends aus dem Wasserschloß in die umliegenden Bauernhöfe hinunterstiegen, um in froher Runde beim Spinnen, Nähen und Stopfen zu scherzen und zu singen. Wenn aber im Tal die Kirchenglocke die mitternächtliche Stunde verkündete, mußten sie alle wieder bei ihrem Wasserkönig im See sein. Einmal stellte ein übermütiger Bauernbursche, dem das lustige Treiben der Wasserjungfrauen zu sehr gefiel, die Uhr zurück, so daß die Mümmlein zu spät zurückkehrten. Seither hat sie niemand mehr gesehen. Dafür treibt der »rote Dieter«, ein Wilderer, am See sein Unwesen, weil er seinen Widersacher, den von ihm getöteten Förster, in einer schaurigen Nacht hier in einem Sack versenken wollte. Doch der See kochte auf, ein Orkan brach los, und der ruchlose Frevler wurde von den Wellen in die Tiefe gerissen!

Die herbschöne Landschaft um den See, der malerische Anblick, aber auch die phantasievolle Volkspoesie veranlaßten so manche Dichter den Pegasus zu besteigen, um dem reizvollen, sagenumwobenen Naturparadies mit der Feder ein Denkmal zu setzen. So ließ Grimmelshausen seinen Simplicius Simplicissimus mit sehr beredten Worten in die dunklen Wasser schauen, denen Eduard Mörike »Die Geister vom Mummelsee« widmete, während August Schnetzler von den »Lilien am Mummelsee« sang.

Mit dem Bau und der Vollendung der Schwarzwaldhochstraße in den Jahren 1932/33 kam Leben an den eiszeitlichen Karsee, obwohl sich in den Jahren zuvor trotz der schlechten Wegverhältnisse immer wieder einmal ein Omnibus aus den umliegenden Ferienorten mit Kurgästen an den See verirrte. Gleich nach Kriegsende legte die französische Besatzungsmacht die Hände auf das Gebiet und erklärte den Mummelsee mitsamt der Hornisgrinde zum nicht betretbaren, militärischen Sperrgebiet. Ja, noch 1949 trug man sich mit dem Gedanken, den 17 m tiefen Bergsee zuzuschütten und auf der

3,7 Hektar großen Fläche einen Truppenübungsplatz anzulegen. Dieser Plan konnte jedoch vereitelt werden.

Es dauerte dann nicht mehr allzulange, da wurde die Aktion »Rettet den Mummelsee« von Erfolg gekrönt und das Landschaftsschutzgebiet wieder der Öffentlichkeit übergeben. Bald waren die häßlichen Bauten verschwunden, das verwahrloste Ufer wieder in sein natürliches Aussehen verwandelt und ein neues, einladendes »Berg-Hotel« am Rande der einstigen Gletschermulde, des uralten Eiskessels entstanden. Ein Steinwurf von ihm entfernt wuchs sogar in den Jahren 1969/71 die moderne, geräumige St.-Michaels-Kapelle aus dem Tannengrün hervor. Sie lädt jetzt die Ruhe suchenden Beter ein, die früher das kleine Kirchlein beim Hotel aufsuchten, das 1933 zum Dank für wiedererlangte Gesundheit nach sehr schwerer Krankheit gestiftet wurde.

Das Kloster auf dem St. Bernhard des Schwarzwaldes

Mehr denn je ist der Kniebis, dessen Höhenrücken mit mehr als 900 m aus dem Schwarzwald herausragt, zu einem wichtigen Verkehrsknotenpunkt geworden. Aus dem Rench- und Wolftal schlängeln sich Gebirgsstraßen zur Höhe, um dort auf die aussichtsreiche Schwarzwaldhochstraße zu treffen, während von Freudenstadt her die gut ausgebaute Bundesstraße in kaum merklicher Steigung die Höhe nimmt. Die Aussicht und die Landschaft ist hier einmalig befreiend. An klaren Tagen grüßen vom Westen her die dunkelblauen Vogesen. Wendet sich der Blick nach Osten, ragen dort die weißgelben Kalkwände des Schwäbischen Jura auf, und nicht selten können wir das gezackte Felsenband der österreichischen und schweizerischen Alpen am südlichen Horizont erkennen. Nach Norden hin zieht sich das Hochmoor bis zur beherrschenden Hornisgrinde. Herbe landschaftliche Schönheit und Verkehrskno-

tenpunkt, dazu noch gern besuchtes Feriengebiet, das sind die
Prädikate, die uns Heutigen für den Kniebis geläufig sind.

Wir nicken auch noch verständnisvoll, wenn uns erklärt
wird, daß dieser Höhenrücken schon in den früheren Jahrhunderten von einer wichtigen Paßstraße überquert wurde. Aber
ein Kloster in dieser einstigen unwirtlichen Einöde? Wo soll es
denn gestanden haben? Ist noch etwas von ihm zu sehen?
Solche Fragen stellen sich zweifelnd wohl die meisten, und
darüber wundern wir uns nicht, nehmen doch die größeren
Klöster der näheren und weiteren Umgebung – Alpirsbach,
Rippoldsau, Allerheiligen, Klosterreichenbach oder gar Hirs-
au und Herrenalb – unsere Aufmerksamkeit mehr gefangen.

Die Überreste der Klosterkirche auf dem Kniebis.

Nachdem aber im Jahre 1267 ein Kloster »zu Kniebis auf dem Walde« erstmals urkundlich erwähnt wird, wollen wir jene übriggebliebenen Mauern und Steine der einstigen Klosterkirche zu uns reden lassen. Ihre Geschichte beginnt damit, daß fromme Leute auf dem Kniebis ein kleines Kirchlein erbauten. Wann das geschah, wissen wir nicht. Wir wollen deshalb vorsichtig sein, dies noch mehr, wenn es darum geht, anzunehmen, daß die Römer schon von Straßburg aus durch das Renchtal über den Berg zu ihren Siedlungen am Neckar zogen.

Die Namen »Heergäßle«, »Alte Straße« und »Schwabenweg« führen uns ins Mittelalter, wo wir im Jahre 1383 auf den ersten Hinweis auf eine Straße, besser auf einen Weg über das ausgedehnte Sumpfmoor auf dem Kniebis stoßen. 1605 wird die erste Straße als »Oppenauer Steige« gebaut, über die dann ungezählte Weinfuhren mit köstlichem Renchtäler ins obere Schwabenland rollten.

Doch bleiben wir beim Kloster. Jene erste Nachricht aus dem Jahre 1267 verkündet, daß ein Bruder Ulrich, der wohl erste Bewohner des Kniebis-Klosters, in der von den Zisterziensern von Herrenalb gegründeten Einsiedelei gestorben sei. Zu dieser Zeit stand also schon eine Kapelle und eine Klause hier oben. Warum aber in dieser Wildnis ein Gotteshaus und eine Einsiedelei? Bestimmt führte an dieser Gebetsstätte ein wichtiger Verbindungsweg vorbei. Schon drei Jahre nach dem Tod des Bruders wurde das Klösterlein selbständig, aus dem Kirchspiel Dornstetten gelöst. Unsere Annahme nach dem wichtigen Wege wird bestärkt, wenn wir bereits 1275 von einem »hospitale«, einem Hospiz erfahren. Unwillkürlich werden wir dabei an das weltbekannte Hospiz auf dem St. Bernhard erinnert.

Schon 1271 wurde ein Chorherrenstift auf dem Kniebis gegründet, das dann 1278 die Franziskaner übernahmen. Diese bauten das Hospiz aus, und nach nicht ganz zehn Jahren war das neue Kloster fertig und die ebenfalls neuerstellte Kirche erhielt ihre Weihe. Das Kloster an der alten Bistums-

Rekonstruktion der Klosteranlage auf dem Kniebis.

grenze von Konstanz und Straßburg hatte zunächst in den Grafen zu Fürstenberg wohlwollende Schirmherren, denen die Herren von Hohenberg und dann Württemberg folgten. Große Geschenke bekamen die Mönche von reichbegüterten Durchreisenden. 1330 hören wir von einem »Kloster der hl. Maria«. Das Bild der Gottesmutter mit dem Kinde ziert das Siegel des Klosters. Im Jahre 1341 suchten die Mönche Anschluß an die Abtei in Alpirsbach. Das Kloster zu »Knibuz uff dem Walde« wurde Priorat von Alpirsbach und übernahm die Regel des hl. Benedikt. Zweimal wurde das Kloster von Unheil heimgesucht: 1463 brannte es ab; die wiederaufgebauten Gebäude, Kloster und Kirche, wurden 1513 wieder vom Brand heimgesucht. Mildtätige Menschen förderten aber erneut den Wiederaufbau, hatte doch das Kloster seit seinem Bestehen »viel und mancherlei Räuberei, Mörderei und andere Übel verhütet und vermieden«, dazu die Pilger und Landfahrer vor Verderbnis bewahrt.

Die Reformation stieß auch bis auf den Kniebis vor, doch dem Prior Beatus Bleyß gestattete man bis zu seinem Tode (1544) das Verbleiben auf dem Berge. Damit aber hörte das klösterliche Leben auf dem Kniebis auf, obwohl die Gastherberge von einem Wirte weiter betrieben wurde und ein württembergischer Zöllner seines Amtes waltete. Es wird angenommen, daß das Kloster im Dreißigjährigen Krieg zerstört und die Kirche 1799 von den Franzosen verbrannt wurde.

Um das Kloster hatte sich im Laufe der Zeit eine kleine Ortschaft, der württembergische Kniebis, angesiedelt. Erst später – um 1800 – wurden im badischen Teil des Kniebis fürstlich fürstenbergische Holzhauer ansässig, die den Winter über die Paß- und Poststraße auf dem Kniebis von den Schneemassen für den Verkehr freihalten mußten. 1899 erstand dann das St. Josefskirchlein im badischen Kniebis. Wer die Klosterruine besuchen will, muß seine Schritte in den früheren württembergischen Teil lenken, wo zu Füßen der Kirche die Mauern des Gotteshauses vom einstigen Glanz und Untergang des Klosters auf dem Kniebis erzählen.

Rebland im Schwarzwald

Frohes Treiben herrscht im Spätjahr in unseren heimatlichen badischen Winzerdörfern und Städtchen, wenn die Tage angebrochen sind, an denen die köstlichen Trauben geherbstet werden. Der würzige Duft von den Keltern durchzieht das Markgräflerland, den anschließenden Breisgau, mit dem einzigartigen Rebgelände des vulkanischen Kaiserstuhles. Doch der herrliche Rebenkranz windet sich noch weiter am westlichen Rande des Schwarzwaldes hin und bedeckt die Hügel und Hänge der reichgesegneten Ortenau bis hinunter in die Gegend von Bühl und Baden-Baden.

Doch laßt uns einmal im goldenen Herbst die Schritte ins Kinzigtal lenken, wo uns schon um das weit in die Rheinebene schauende Ortenberger Schloß neugeordnete Rebanlagen grüßen. Kehren wir dann aber in der Winzerstube in Gengenbach ein, so verrät uns die Weinflasche, daß sich die Winzer, die Rebbauern der umliegenden Gemeinden, zur Winzergenossenschaft »Vorderes Kinzigtal«, mit dem Sitz in Gengenbach zusammengeschlossen haben. Noch finden wir im Weitergehen beiderseits der Kinzig an den Talhängen der Orte Bermersbach und Schwaibach die edle Rebe, dann aber suchen wir sie vergebens, es sei denn, wir begnügen uns mit dem »Simsengräbsler«, der sich an günstigen Plätzen, vor allem an den Südseiten der Häuser, zäh und verbissen hält. So verläuft also zwischen Gengenbach und Biberach die »Weingrenze«.

Doch die alten Leute, die Flur- und Hofnamen, die Chroniken der Dörfer und Städte kinzigaufwärts wollen uns eines anderen belehren und uns sagen, daß in früheren Zeiten das Kinzigtal ein Rebenland gewesen ist. Namen wie »Rebhöfe« und »Rebstock« deuten noch darauf hin, daß um Biberach viel Wein angebaut wurde, vor allem am Rebeckberg, aber auch an allen anderen sonnigen Berghalden. Im Jahre 1774 gewährte der Abt von Gengenbach den Biberachern acht Jahre Befreiung vom Weinzehnten, um sie zum Anbau von Reben zu ermuntern. Wenige Jahre später (1750) wird die sogenannte »Schweizerrebe« in Biberach heimisch. Diese Rebsorte soll sehr ertragreich und wenig empfindlich gewesen sein. Allerdings von der Qualität her wird ihr nicht viel nachgerühmt, dafür aber wurden die Biberacher durch die Quantität entschädigt. Allein 1500 Ar Reben sind auf der Marktung dieses Ortes 1802 umgetrieben worden. Deshalb wurde den Bewohnern auch das Recht zugestanden, ihren Wein selbst auszuschenken.

Etwas argwöhnisch schauten deshalb die Bürger der Reichsstadt Zell zur Geroldseck hin. Zwar pflanzten sie auch Wein, aber selbst die Handwerksburschen, denen nach einer städtischen Verordnung als Zehrung auch Zeller Wein vorgesetzt

Das rebenumrankte Schloß Ortenberg.

wurde, machten gerne einen weiten Bogen um die Reichsstadt, um den Säuerling nicht kosten zu müssen. Wer aber
doch in die Mauern einkehren mußte, trank den Zeller nur
»schandenhalber«.

Ein Steinkreuz im Sommerberg der Gemeinde Unterentersbach erinnert uns an das Gelübde, das einst der Daniels-
beck machte, ein steinernes Kreuz in das Rebgelände zu stellen, wenn ihm die himmlischen Mächte einen guten Herbst
bescheren würden. Noch weisen einige Parzellen auf den
Weinbau der Unterentersbacher hin, der am Sommerberg,
Winterberg und am Eisensprung betrieben wurde. Vergessen
wir auch nicht die Gasthäuser im Kinzigtal, die den hinweisen-
den Namen »Rebstock« tragen.

Zwei Statuen des Weinheiligen Papst Urban sagen uns, daß
auch im Kirchspiel von Steinach die Reben heimisch waren.
Dort erfahren wir die Geschichte, daß man anläßlich einer
Flurprozession, bei der der Schutzpatron des Weinbaues mitgeführt wurde, den hl. Urban kurzerhand mit ins Wirtshaus
genommen habe, weil den Trägern die Prozession zu lang ging
und die Statue mächtig drückte. Am Fest des hl. Urban zogen
die Haslacher Chorknaben von Winzer zu Winzer, um ein
Lied zu Ehren des Weinheiligen zu singen. Im Jahre 1828 verbot jedoch der Hohe Rat von Hasle diesen traditionellen Umgang als »Bettelei«. Einer jedoch fügte sich nicht in diese Verordnung, sondern gab heimlich den Knaben »Wii un Wecke«.
Es war der dickschädlige Eselsbeck, der Vater Heinrich Hansjakobs. Dabei wollen wir aber nicht vergessen, daß es eben
Hansjakob war, der am 20. Oktober 1881 als Pfarrer von
Hagnau am Bodensee den ersten badischen Winzerverein
gründete.

Doch folgen wir weiter der Kinzig flußaufwärts. An Fischerbach vorbei gelangen wir zum Martinshof, der lange dem Kloster Alpirsbach gehörte. Bereits um 1250 bauten die Mönche
hier Reben an. Aus dem Jahre 1581 wird berichtet, daß der
Klostermeier ein Rebgut angelegt hat, aus dem er im Jahr

zuvor 2 $^1/_2$ Ohm Wein herbstete. Bei dieser Gelegenheit erfahren wir auch, daß der Fürst von Fürstenberg, wohl um den Rebenanbau zu fördern, bei Neuanlage eines Weinackers 10 Jahre Zehntfreiheit gewährte. Der Hohe Rat von Hausach setzte 1631 fest, daß jeder Knabe, der die Schule besuchte, dem Schulmeister auf Martini »ein mass win« oder 3 Pfennige zu bringen habe. Das beste Hausacher Weinanbaugebiet lag im sonnenbeschienenen Gewann » in den Reben«. Aber auch in den Seitentälern muß die Rebe gewachsen sein, gibt es doch auf dem Gewann des Einbacher »Lachenbur« noch die Bezeichnung »Rebacker«, während der erzählfreudige »Limbacher« vom Hauserbach mitteilte, daß er noch auf einem Acker alte Wurzeln von Reben ausgegraben habe.

Die Schifferordnung aus dem Jahre 1557 verpflichtete die Wolfacher Schiffsherrn zum Anbau von Reben. 1798 bitten 33 »Rebinhaber«, daß die Stadt wegen des zu erwartenden guten Herbstes eine Stadttrotte aufstelle. Noch 1868 preßt der Badwirt Armbruster seine eigenen Weintrauben. Der beste Wein gedieh am Forstenberg. Ob Bacchus auch den Bewohnern des oberen Kinzigtales hold war, erscheint sehr fraglich. Den Hornbergern im Tale der Gutach ging nicht nur das Pulver aus, sondern später auch der Wein, der einst unterhalb der Markgrafenschanze wuchs; der erste Tunnel der Schwarzwaldbahn vor dem Bahnhof Hornberg heißt bekanntlich der »Rebbergtunnel«. Verdursten brauchten aber die wackeren Kanoniere nicht, denn Hansjakob lobt an mehreren Stellen das gute Hornberger Bier.

Schlechte Erträge, Krankheiten, Schädlinge und harte Winter setzten dem Kinzigtäler Weinbau zu und brachten ihn nach und nach zum Erliegen. Dafür aber füllten die Bauern ihre Fässer mit gutem Apfelwein und suchten häufiger die Schankwirtschaften auf. Dort konnten sie ein besseres Viertele trinken, denn mit der Gründung der Winzergenossenschaften und ihrem Export kam badischer Wein aus klimatisch begünstigten Anbaugebieten auch in die Schwarzwaldtäler.

Ein Glöcklein für 74 Milliarden Mark

Mitten im traditionsreichen Hauserbacher Bergbaurevier bei Hausach liegt gleich einer trotzigen, das Tal beherrschenden Burg der »Spänlehof«. Im Frühling des Jahres 1915 wird der Sohn des Hofes, Sylvester Schmid, zu den Waffen gerufen und zunächst in Freiburg ausgebildet. Auf den vielen Ausmärschen erfreuen ihn immer wieder die Weg- und Feldkreuze, so daß er insgeheim beschließt, nach der glücklichen Rückkehr ein Zeichen des Heils auf seinem Hofgut zu errichten.

Als er dann auf den grausamen Schlachtfeldern Frankreichs erleben muß, wie der Tod links und rechts neben ihm tausendfältige blutige Ernte hält, bekräftigt und erweitert der Hauserbacher Bauernsohn sein Gelübde. Als er nach der gesunden Rückkehr sein Versprechen einlösen will, stellen sich ihm widrige Zeitläufe entgegen. Doch der Zimmermeister Welle, der einen provisorischen Plan zum Bau einer Kapelle aufgestellt hat, ermuntert den jungen Spänlebauer: »Sylvester, des bringt mi nit um un di au nit. Daß i nit in de Krieg ha mieße, do defir mach i au ebbis. Also nix wie agfange! Gschieder word di Zit doch nimmi!«

Der baufreudige Einbacher Bürgermeister Schuler fertigt die Planunterlagen an und verhandelt erfolgreich mit den Behörden. In der Bevölkerung findet das Bauvorhaben ein günstiges Echo. Die Verwandten und Nachbarsleute schaffen vom fernen Gemeindewald unter dem Brandenkopf die Sandsteine herbei. Genauso weit her kommt der Maurermeister Plagius Bühler. Jeden Tag läuft er zu Fuß von Oberprechtal in den Hauserbach. Sehr entgegenkommend zeigen sich die Handwerker, nicht nur bei der Arbeit, sondern auch in der Rechnungstellung!

Die Glocke für die Kapelle wird in der beginnenden Inflation für rund acht Millionen Mark bei der Gießerei Grüninger in Villingen bestellt. Als der Spänlebauer die Glocke holen will, kostet sie 74 Milliarden Mark! »Aber woher sollte ich

Die Hauserbacher Marienkapelle.

diese Summe aufbringen«, schreibt Sylvester in die Kapellenchronik, »weil ich Milliarden kaum kannte, geschweige noch solche besaß?« Nach langer Überlegung nimmt er die Schuld auf sich und ladet das Glöcklein flugs in den Zug, denn Zeit war hier wirklich bei der stündlichen Entwertung Geld. In Hausach helfen ihm der »Hosenträger« und der »Sägenbeck« aus der größten finanziellen Notlage. Mit dem nächsten Zug wird die Rechnung beglichen.

Dann reist der Spänlebauer mit Stadtpfarrer Brunner, der dem Kapellenbau wohlgesonnen ist, nach Freiburg, zum damaligen Erzbischof Karl Fritz, um die Erlaubnis zur Feier der hl. Messe in der Kapelle persönlich zu erwirken.

Endlich naht mit dem 4. Juni 1924 der Tag der Einweihung, der gleich einer großen Bauernhochzeit mit Böllerschüssen eingeleitet wird. Alles, was in Stadt und Tal Beine hat, eilt in den Hauserbach. Selbst der »Mühlsteiner« von Nordrach ist unter den Gästen. Stadtpfarrer Brunner feiert die erste hl. Messe für die Spänlefamilie und die Handwerker. Zu Ehren der Gottesmutter und Patronin der Kapelle fügt Kaplan Geyer eine Dankmesse an, während der Kapuzinerpater Willibrord als »alter Feldpater« das dritte Meßopfer für die Seelenruhe der im Weltkrieg gefallenen Kameraden zelebriert.

Beim anschließenden Festessen, an dem 125 Gäste teilnehmen, preisen die Tischredner die Tat des heimgekehrten Spänlebauern. Zuletzt steht der Reutenbauer auf und widerspricht seinen Vorrednern und behauptet, daß letztlich die Mutter des Hofbauern die eigentliche Erbauerin des Gotteshauses gewesen sei. Dankerfüllt bestätigt der bescheidene Sylvester Schmid in seinen Aufzeichnungen die Worte seines Schulkameraden, denn seine Mutter habe nicht nur acht Kinder geboren, sondern sie auch recht im Glauben und Verzicht erzogen und ihre Wege in steter Sorge und mit wachem Gebete verfolgt. Nur aus diesen Kräften heraus habe er alle Mißlichkeiten des Kapellenbaus ertragen und das Versprechen einlösen können ...

Durch die Kapelle kam aber wieder der alte Bergwerksname »Unsere liebe Frau« im Tale zum Tragen, denn viele Menschen pilgern seither erneut ins Tal, um mehr als Silber, um Gold zu suchen, denn Maria als die Mutter Jesu wird mit dem Golde verglichen.

Seither erfüllt eine helle Glockenstimme die Täler und Hänge des Hauserbaches und trägt über die verblichenen Spuren der Bergleute die Betzeiten in die majestätischen Höfe der Bauern, wobei sich das verklungene »Glück-auf« zum Ave Maria erhöht hat und damit die Ehre Gottes verkündet, aber auch in Erinnerung an den Erbauer wachhalten will, der 1965 als einer der letzten »Bauernfürsten« das Tal für immer verlassen und uns ein verpflichtendes Vermächtnis hinterlassen hat...

Im Schatten der Dorfkirche

Etwas abseits vom Lärm der großen Straße, die sich von Offenburg durch das gottgesegnete Kinzigtal über den Schwarzwald an den Bodensee windet, dort, wo der majestätische Gebirgsstock des Brandenkopfes jäh zu Tale fällt, begrüßt die altehrwürdige Dorfkirche von Hausach den aufmerksamen Beschauer und lädt ihn zum besinnlichen Verweilen ein. Jahrhunderte wurde an diesem Gotteshaus gebaut und manch frommer Bürger, ganz zu schweigen von den Bergleuten, die in der Felsennacht nach Silber gruben, gab sein Scherflein, damit die Kirche auf das Schönste gestaltet werde, um späteren Generationen die tiefe Gläubigkeit, gepaart mit Edelmut und Opferbereitschaft, seiner Erbauer und Vollender zu künden. Es scheint, als hätten die Engel diese Kirche zur Erde getragen, als funkelnder Edelstein im prächtigen Diadem, das hier die Natur mit ihren tannenbekrönten Höhen geschaffen hat, die dieses Kleinod deutscher Dorfkirchen, liebevoll beschützend, umkränzen. Noch kurz vor der Jahrhundertwende erlosch in ihr das Ewige Licht, da ihre Mauern zu eng

Die alte
Hausacher
Dorfkirche

wurden, um die Bewohner des drei Gemeinden umfassenden Kirchspiels aufzunehmen, die fortan dem Städtchen zueilten, wo im Schatten von Burg Husen ein neues, größeres Gotteshaus errichtet wurde.

Doch die alte Dorfkirche hält nach wie vor stille Totenwache an den Gräbern der Verblichenen, die sich dicht um sie scharen wie die Küklein um die Henne. Ihr gotischer, himmelwärts strebender Turm weist, uns mahnend und tröstend, der schweren Erde entrinnend, in eine andere Welt. So hält jetzt unser Denken den Friedhof umfangen, wo dicke Mauern das Hasten und geräuschvolle Treiben der Menschen abweisen wollen, um uns ruhelos Dahinlebenden etwas von dem Frieden zu künden, den diese Welt nicht mehr kennt, da sie die Stille und Beschaulichkeit der Hast der Zeit geopfert hat.

Hier bei der Dorfkirche ist der Friedhof noch Kirchhof, der die Kirchgänger bei Freud und Leid immer an die Vergänglichkeit, an den unausweichlichen Tod erinnerte und darüber hinaus das Band zwischen den Lebenden und Toten nie abreißen ließ, da der Weg zur Kirche immer an die Gräber der Lieben führte. Das Volk kennt aber noch den Namen »Gottesacker«, als ein Fleckchen Erde, in das die Toten gleich einem Samenkorn hineingelegt werden, um zum neuen Leben, zur ewigen Glückseligkeit aufzuerstehen. Die Zeit räumt die alten Gräber weg, da der Tod nur die Ernte kennt und immer wieder neue Kreuze und Grabmale errichten läßt. Kunstvolle und eigenartige Grabsteine trugen verständnisvolle Hände an die Dorfkirche, wo sie als stumme, steinerne Künder die Zeiten überdauern sollen, um den Vorübereilenden Mahner und Erzähler zu sein.

Neben der Sakristei, dem ehemaligen Beinhaus der Dorfkirche, steht ein barock behauener Sandstein, auf dessen Rückseite wir lesen: »Hier ruht H. Philipp Jakob Glick, Posthalter und Kronenwirt dahier, starb den 18. November 1787, alt beinahe 65 Jahre.« – Dieser Grabstein versetzt uns in die Zeit, da noch die Postkutschen Städte und Länder verbanden und das Horn des Postillions Leben in das Städtchen brachte, dem Kronenwirt als Posthalter aber gutzahlende Gäste. Kein Wunder, daß bei ihm immer etwas los war und er zu den begütertsten Leuten in Husen gehörte. Wie schreibt doch Hansjakob über einen seiner Nachfolger im Buche von den »Erzbauern«:

»Die Post in Husen war ein prächtiges Anwesen mit schönen Äckern, Wiesen und Wald und damals und lange nachher noch eine Hauptstation für alle Eilwagen und für alle Extraposten, die von Frankfurt, Karlsruhe, Straßburg her durch das Kinzigtal gingen, Konstanz und der Schweiz zu. Das war, wie die alten Kinzigtäler zu sagen pflegten, ein »Lebis«, und der Posthalter nahm das Geld ein wie Heu. Auch alle Fuhrleute kehrten ein beim jungen Posthalter und nahmen Vorspann bei ihm, und alle großen Bauernhochzeiten wurden in der Post gehalten schon wegen des vornehmen, riesiggroßen Tanzbodens. Kellner, Köche, Mägde, Postillione fungierten in Menge im neuen Posthause, in welchem manche Nacht 40–50 fremde Pferde mit ihren Lenkern rasteten und vornehme Herrschaften, selbst der Großherzog und der Fürst von Fürstenberg Quartier nahmen . . .«.

Geld aber verdirbt den Charakter, wie der Volksmund weiß, und wofür unser Posthalter durch seinen unlauteren Lebenswandel den Beweis angetreten hat. Ein Ratsprotokoll spricht von den »bekannten Glückschen Ränken und Gehässigkeiten«. Die Bürger schauten dem unehrlichen, herausfordernden Treiben eine gewisse Zeit zu. Dann aber sollte eine furchtbare Strafe den unehrlichen Posthalter zur Besinnung und Umkehr rufen und ihn bis ans Lebensende zeichnen. Über das Grab hinaus vernehmen wir seinen Schmerz und seine Klage, die er als Sühne für seine Schuld getragen hat. Kehren wir auf den Friedhof zurück und lesen wir, was auf der Vorderseite des Grabsteines geschrieben steht:

Sollt meine Sinte
greser sein, als Schmerzen
die ich litte, da man
mit kaum erherter Pein
mirs rechte Aug ausschnitte,
O Wanderer,
so sei so menschlich,
bitt mich frei.

Der Grabstein des ungetreuen Posthalters.

Den Stein ziert noch eine Sanduhr, als Zeichen der verrinnenden Zeit, der Vergänglichkeit, und eine gebrochene Kerze, als Symbol des Todes, des erloschenen Lebens. Beides sollten wir beherzigen.

Rund um das Osterbacher Käppele

Nicht nur nach Rom, sondern auch zum Osterbacher »Käppele« führen viele Wege, ob man nun von Hausach aus das Osterbachtal heraufkommt, über den Wintermaxenberg steigt, das Ziel vom Spitzfelsen, von Wolfach her sucht, vom Hapbach aus dem Osterbacher Sattel zustrebt, von Norden her auf dem Kammweg über den Erlez oder von der Hohen-

Das Osterbacher Käppele bei Hausach.

lochen-Hütte talwärts hinabsteigt. Aus allen Himmelsrichtungen kann man also dem »Käppelehof« zueilen, auf Wegen, die seit Jahrhunderten von Menschenfüßen betreten werden, seien es nun die von Wanderern oder von frommen Pilgern, die in der Vergangenheit einen Großteil der Besucher des Käppele stellten.

Während heutzutage das Hauptaugenmerk der Ankommenden jenem Haus gilt, in dem mit den Gläsern zusammengeläutet wird, trafen sich früher die Wallfahrer zunächst in der Hofkapelle, um dann allerdings nach geheiligtem Tun auch Speise und Trank nicht zu vergessen. So soll es ja auch sein, wenn man nach der Devise geht, wonach man Gott geben soll, was Gottes ist, und dem Kaiser – der Welt –, was ihm gebührt.

Ganz in diesem Sinne mag der erste »Käppelebur« Jakob Bächle gehandelt haben, als er 1738 im Schatten seines mächtigen Hofes ein kleines Kapellchen erbaute, nachdem er zuvor bei der kirchlichen und der weltlichen Obrigkeit um die Genehmigung zu seinem frommen Entschluß nachgesucht hatte. Das bescheidene Heiligtum auf der Höhe des Osterbaches stellte er nicht nur unter Gottes Schutz, sondern vertraute es auch der Fürbitte des großen Bauernheiligen St. Wendelin an.

Dieser vielverehrte Heilige aus der germanischen Missionszeit soll als Wandersmann Gottes an der Seite des bekannten Alemannenapostels Kolumban von der britischen Inselwelt auf das Festland gekommen sein. Viele Jahre lebte Wendelin, der aus königlichem Geblüt gestammt haben soll, als Einsiedler in der Nähe von Trier; er scheute auch nicht davor zurück, sich als Viehhirte zu verdingen. Später stand er dem Benediktinerkloster Tholey als Abt vor. Nach seinem Tod wurde er im Laufe der Jahrhunderte – besonders im 18. Jahrhundert – zum großen süddeutschen Bauernheiligen.

Sehr schnell kam die Osterbacher Wallfahrt in Blüte. Mit Kreuz und Fahnen pilgerten die Gläubigen von weit her, selbst vom Prechtal, und brachten nicht nur fromme Wünsche und ehrlichen Dank mit, sondern vom langen Marsch bei Lied und Gebet auch einen gesegneten Appetit. Um allen Scherereien aus dem Wege zu gehen, bat der Hofbauer um die Konzession, in seinem Hause Speise und Trank an die Beter verabreichen zu dürfen; das war die Geburtsstunde der »Wirtschaft zum Käppelehof« (1740). Später (1779) erweiterte ein Nachfolger des Kapellenerbauers, ein gewisser Johann Benz, das längst zu klein und dazu baufällig gewordene Gotteshaus. Allerdings hatte er ohne behördliche Genehmigung gebaut. Die vom Wolfacher Amt zugemessene Geldbuße erließ auf eine flehentliche Bitte hin der fürstliche Herrscher in Donaueschingen gnädiglich.

Sogar ein kleiner »Brezelkrieg« entbrannte neben der sonst in paradiesischer Ruhe liegenden Kapelle, als die Hausacher Bäcker an den großen Wallfahrtstagen dem dann vielbeschäftigten Käppelewirt aushelfen wollten. Da schrien die Wolfacher Mehlwürmer plötzlich Zeter und Mordio und versuchten glaubhaft zu machen, daß ihnen als Bürger des Amtsstädtchens allein das Recht zustehe, über das Stadtgebiet hinaus zu handeln, nicht aber den Hausachern. Gewiß, lange Zeit durften die Einbacher ihre landwirtschaftlichen Produkte nicht in »Huse« (Hausach) verkaufen; sie mußten durch den Osterbach auf den Wolfacher Wochenmarkt. Davon könnte noch jene Einbacher Bäuerin erzählen, die mühsam einen schweren Butterballen in einem Korb auf dem Kopf den Osterbach hinauftrug. Müde auf der Höhe angekommen, stellte sie ihre Last ab. Doch, o weh, der Korb fiel um, und der Butterballen rollte springend, hüpfend wieder das Tal hinunter.

Sehr blutig ging es im Osterbach zu, als im Dreißigjährigen Krieg, Ende Januar 1634, etwa 150 Schweden plündernd über den Sattel nach Wolfach einrücken wollten, dann aber auf der Osterbacher Höhe von einem Villinger Fähnlein vollständig aufgerieben wurden. Noch eine andere schaurige Geschichte ist dem Chronisten bekanntgeworden, sie fällt ihm immer dann ein, wenn er nicht weit vom »Käppele« an einer markanten Wegscheide auf der »Paßhöhe« an einem Bildstöckle vorbeigeht, in dem eine auffallende Vertiefung zu sehen ist. Da es hier oben bei finsterer Nacht nie geheuer war – so erzählte man sich –, warfen die verspäteten Paßgänger in diese kleine steinerne Mulde ein Geldstück, um von den bösen, unsichtbaren Mächten verschont zu bleiben.

Es sollten hier nämlich die Geister jener Bergleute ihr Unwesen treiben, die in ihrem frevelnden Übermute bei einem ausschweifenden Trinkgelage einem Kalb lebendig das Fell über die Ohren zogen. Das Strafgericht Gottes suchte die Missetäter bald heim. Bei der Arbeit in der nahegelegenen Grube – in etwa 10 Stollen und Schächten auf dieser Bergeshöhe wurde nach Eisenerz gegraben – stürzte plötzlich das Gestein herab und begrub die armen Sünder.

Doch diese Zeiten sind schon längst vorbei. Jetzt umfängt den Wanderer hier oben himmlische Ruhe in herrlicher Landschaft. Der jetzige »Käppelebur« hat die Kapelle innen und außen sehr ansprechend renovieren lassen, und damit nicht nur seinem gernbesuchten Gasthof, sondern auch dem Wendelinus-Heiligtum ein einladendes Gewand gegeben. Über dem Eingang zur Kapelle stellt uns der Kunstmaler Trautwein den Bauernheiligen als Einsiedler und Viehhirten vor. Auf dem Altar in der Kapelle hat eine Wendelinusstatue vom Kreuzberg eine sichere Heimat gefunden; sie wird von einigen putzigen Barockengeln umrankt, die einmal die Insignien des Abtes und Hirten Wendelinus in ihren Händen trugen.

Das ganze Jahr über wird das »Käppele« aufgesucht. Ein besonderer Ehrentag ist aber der »Wendelstag«, der »Osterbacher Fiertig« am 20. Oktober, wenn neben den vielen Pilgern noch die Grünröcke, die »Bure- und Härrejäger« mit den »Stockjägern« hinaufsteigen, um nach dem Gottesdienst und einem stärkenden Imbiß die »Wendelinusjagd« zu beginnen. Alle aber, die in den vergangenen Jahrhunderten bis zum heutigen Tag, sei es nun mit Kreuz und Fahnen, mit Wimpeln, Stock oder Rucksack auf den vielen Wegen aus den Tälern hier herauf in die luftige Höhe gewandert sind, freuten sich über den weiten Blick ins Land, hinauf zu den Berggipfeln und das befreite Atmen weitab vom Alltag und vom Weltgetriebe ...

Der herzogliche Ritt
zum »großen hohen Stein«

In den Jahren um 1090 kam der schwäbische Freiherr von
Ellerbach durch königliche Gunst in den Besitz des gesamten
Gutachtales, von der Quelle bis zur Mündung. Etwa 100 Jahre
später wurde das Tal unter die Herren von Triberg und Hornberg aufgeteilt. Noch heute erinnern die Wappen der gleichnamigen Städte an den einst gemeinsamen Herrschaftsbereich.
Während nun die Triberger Herren ihre Stellung behaupten
konnten, mußten die Hornberger in den Jahren zwischen 1423
und 1443 durch Mißwirtschaft ihre Güter an die Herzöge von
Württemberg verkaufen, so daß die Stadt des weltberühmten
Hornberger Schießens zu einem württembergischen Amtsstädtchen heranwuchs, dem auch die Verwaltung des jenseitigen Schiltach und Lehengericht, sowie auch von Kirnbach
zugeschlagen wurde. Dieser Neuerwerb brachte aber noch
eine Besonderheit mit sich: der in der Nähe der Amtsstadt
gelegene Große Hauenstein war mit seinen 970 m Höhe von
nun an die höchste Erhebung im gesamten Herzogtum Württemberg. Da mag es den Landesherrn wohl einmal gelüstet
haben, den höchsten Berg seines Reiches zu besteigen.

Doch der Besucher aus dem Württembergischen fand
bereits einen himmelanstrebenden Felsen als markierender
Grenzpunkt der hier zusammenstoßenden Herrschaftsgebiete
vor. Es liegt nun nahe, zu vermuten, daß diese zweite Besonderheit des »Viermärkers« noch mehr das Interesse und die
Neugierde des im Jahre 1770 zu einer Brunnenkur in Bad Teinach weilenden Herzogs Karl Eugen antrieb. Auch scheint es
angebracht zu sein, ganz kurz auf das Leben dieses Landesva-
ters einzugehen, der am Hofe des Preußenkönigs Friedrich II. eine bestimmt nicht gerade zärtliche Erziehung genoß,
die in der von ihm später gegründeten »Karlsschule« ein
bezeichnendes Echo finden sollte. Wir erinnern uns deshalb
so gut an den Erziehungsstil dieser Schule, weil Friedrich von

Schiller in den Jahren 1773–80 Zögling dieser »Staatsschule« war, und in seinem feurigen Drama von den »Räubern« der Stätte sein »in Agraemos« entgegenschmetterte. Den herzoglichen Kunst- und Bausinn bezeugen das Residenzschloß in Stuttgart, das Seeschloß bei Ludwigsburg und die bekannten Prunkbauten in Solitude und Hohenheim.

Das Kapitel über seinen sittlichen Lebenswandel übergehen wir geflissentlich, mit dem Hinweis, daß Karl Eugen ganz ein Kind seiner Zeit gewesen ist. Dafür aber schlagen wir das Tagebuch des herzoglich-württembergischen Generaladjudanten Freiherrn von Buwinghausen-Wallmerode auf, der als Begleiter des Herzogs dessen erlebnisreichen Ritt durch den Schwarzwald von Bad Teinach aus beschrieben hat.

Am 21. Juli 1770 begibt sich die Reisegesellschaft hoch zu Pferd auf den Weg bis nach Freudenstadt. Am Tag darauf wird Schiltach erreicht. Schon um fünf Uhr in der Früh bricht das herzogliche Gefolge am 23. Juli nach Hornberg auf. Der Landesvater, der zum erstenmal diesen Teil seines Herzogtums besucht, verzichtet auf den näheren, aber beschwerlicheren Weg über den »Mosenberg« (Fohrenbühl) und reitet talabwärts durch das fürstlich-fürstenbergische Wolfach. Als er das Gutachtal heraufkommt und in Hornberg eintrifft, wird ihm ein anderer Empfang zuteil als einem seiner Urahnen. Die Hornberger hatten nämlich schon genügend Lehrgeld bezahlt, wovon sie heute noch unumwunden im Festspiel vom »Hornberger Schießen« berichten. Nein, diesmal krachen die Salven vom Schloßberg, die Glocken läuten und spalierbildende Kinder streuen Blumen und rufen lauthals und begeistert: »Vivat der Herzog von Württemberg!« – ein Ruf, der erst 1810 beim Übergang an Baden ersterben sollte. »Die Tracht der Bauern auf dem Schwartzwald, und auch deren Weiber und Kinder« erregt die besondere Aufmerksamkeit des herzoglichen Berichterstatters, der also weiterfährt, nachdem der hohe Herr im Amtsstädtchen den kredenzten »Caffee« zu sich genommen hatte: ». . . so setzten wir uns wieder zu Pferd und ritten das

Offenbacher Tal hinauf, um auf den sogenannten ›großen hohen Stein‹ zu kommen ... Wir hatten eine gantze Stunde zu reiten, um auf diesen Berg und Felsen zu kommen. Zuletzt mußten wir noch an drei Leitern an dem Felsen hinaufsteigen. Der Herzog waren überall Selbsten mit vorne daran. Da wir zu oberst auf dem Felsen waren, so sahen wir das Straßburger Münster, den Berg, worauf die drei Schlösser von Freiburg liegen, den Zollerberg im Hechingschen und die Thürme von Freudenstadt.

Oben auf dem Felsen stoßen vier Gräntzen von Herrschaften zusammen, nehmlich Oesterreich, Württemberg, Baden-Baden und Fürstenberg. Es ist daselbst ein Tisch in Stein gehauen und vier Schüsseln darauf, wovon man sagt: daß allhier vier Fürsten an einem Tisch, und zwar jeglicher auf seinem Territorio sitzen, und vier aus einer Schüssel essen können. Der Herzog haben auf ihrem Territorio zwei kleine Bäume, nehmlich eine Tanne und eine Birke, zum Andenken dero Anwesenheit gesetzt und dem Regierungs-Rath und Oberamtmann zu Hornberg befohlen, daß man den heutigen Tag, als an welchem Sie hier oben gewesen, in den Felsen hauen und also marquiren solle. Der Oberamtmann hat dieses auch gleich ›ad perpetuam rei memoriam‹ aufgesetzt und die gantze Suite, die mit oben gewesen, notirt und ad acta registriret. Hirauf ritten wir wieder ... zurück nach Hornberg ... und kamen durch das Reichenbacher, Krummen- und Schiltacher Thal, über die ›Bentzebene‹ nach St. Georgen.« Über Sulz, Horb und Neckar gelangte der Herzog wieder nach Teinach, womit seine fünftägige Visitationsreise beendet war. Der Hornberger Oberamtmann, Matthäus Goeltz schreibt recht bald an den Herzog und bittet, »ob es Serenissimus nicht erlauben würden, daß dieser Stein in Zukunft der ›Hohe Carl-Stein‹ genennet, und nachstehende Auffschrift darauf gemacht und in Stein gehauen werden dörffte?« Seinem Wunsche wurde entsprochen! Wer heute den aussichtsreichen »Karlstein« besteigt – bezeichnenderweise heißt das Gasthaus

Der zur Erinnerung gesetzte
Karlstein.

Herzog Karl Eugen von
Württemberg.

zu seinen Füßen »Gasthaus zur schönen Aussicht« – kann auf
der wappengeschmückten Seite des meterhohen Sandsteines
unter der herzoglichen Krone lesen: »Wanderer Steig herauf
und siehe die seltenheit Vier graenzen in einem Eine noch
groessere – CARL Herzog zu Wirtemb. u. tek stieg selbst herauf und sezte zum angedenken mit Eigener Hand Die zween
baeme hier und diesen Grossen CARLstein den 23. jul: 1770.«
Auf der anderen Seite sind die Teilnehmer des historischen
Rittes zum Großen Hauenstein aufgeführt: Generäle, Obri-
sten, Kammerherren, Stallmeister, selbst der Küchenmeister
bleibt nicht vergessen und der »OberAmtm. zu Hornb. Mat-
thäeus Goelz«.

Ein kleiner Hinweis verrät uns, daß der prächtige Stein 1902
und 1935 renoviert worden ist. Mittlerweile sind über zwei
Jahrhunderte ins Land gezogen, in denen die Fürstenthrone
nicht nur wankten, sondern umgestoßen wurden. Geblieben

34

aber ist der Große Hauenstein mit seinem Karlstein, von dem uns ein herrlicher Ausblick über den Schwarzwald bis hin zu den Vogesen und der Schwäbischen Alb gewährt wird, eine einmalige Aussicht, die nicht nur einen Herzog entzückte, sondern jedem Wanderer und Besucher den Aufstieg reichlich lohnt.

Sagenumwobener Teufelstein

Auf der Höhe des alten Kirchweges vom Heubach nach St. Roman, auf dem Einschnitt zwischen der Allmend- und Weberhöhe, liegt ein stattlicher, nicht zu übersehender Sandsteinbrocken als Naturdenkmal, dem der Volksmund den Namen »Teufelstein« gegeben hat. Dieser Bezeichnung, auch mit geringfügigen Abwandlungen, zum Beispiel der »Teufelskanzel« bei Haslach oder Gengenbach, begegnen wir immer wieder auf unseren Wanderungen. Meist sind es markante Felsen, die etwas abgelegen in den Waldungen aufragen. Ähnliches trifft bei den Naturgebilden zu, die »Heidenkirche«, »Heidenstein« oder »Heidenschlößle« benannt werden.

Wenn es um die Deutung, die Herkunft des Namens geht, ist man nur zu oft auf Vermutungen angewiesen, will man sich nicht gleich in die Arme der Sagen, Erzählungen werfen, die die phantasiebegabte Volksseele um diese Steinmale gewoben hat. Verschiedentlich treffen wir auf das Wort »Teufel« als Bestandteil von Flurnamen, die auf etwas Abgelegenes in wilder, unwegsamer Gegend hinweisen wollen (Teufelsmoor, Teufelsmühle, Teufelsloch, Teufelsküche, Teufelsbrücke). Es könnte aber auch sein, daß diese auffallenden Felsen einmal vorchristliche Kultstätten, Verehrungsorte der Götter, gewesen sind. Diese wurden dann im Zuge der Christianisierung »verteufelt« oder »verhext«, als Aufenthalt des Bösen, des Teufels gebrandmarkt und verschrieen (Teufelstein – Hexenstein), um so das Volk von seinem Götterglauben zu trennen, es vom Besuch dieser Orte abzuhalten.

Der sagenumwobene Teufelstein.

Durch diese Umdeutung hoffte man, daß die Menschen diese Stätten ihres früheren Glaubens aus Furcht und Angst vor dem Leibhaftigen und seinem Gefolge, meiden würden. Gleichzeitig oder in der Folge bemächtigte sich dann die fromme Sage als Erklärung des Namens dieser Naturzeugen. Vielleicht könnte hier der Kandel als Vergleich herangezogen werden. Ursprünglich wurde dieser steil aus der Ebene aufragende, weithin sichtbare Berg als Sitz der Götter angesehen. Später wurde er dann zum Brocken des Schwarzwaldes, zum »Hexenberg«, auf dem sich das lichtscheue Gesindel mit dem Teufel traf. Doch bleiben wir beim Teufelstein, um den sich einige volkstümliche Erzählungen ranken, die alle in die frühe Zeit unseres heimatlichen Christentums führen.

So wird folgendes erzählt: Die Bauersleute auf dieser einsamen Höhe wollten dem hl. Romanus ein Wallfahrtskirchlein errichten. Unter den eifrigen Helfern war zunächst auch der Teufel, denn er meinte, der Bau würde später als Wirtshaus

36

Verwendung finden. Als er jedoch seinen Irrtum erkannte, wollte er den Weiterbau des Gotteshauses mit allen Mitteln verhindern. Doch die frommen Bewohner ließen von ihrem Vorhaben nicht ab. Da packte ihn die Wut und er schleuderte von der nahen Bergeshöh einen mächtigen Stein gegen das Kirchlein, um es zu zerschmettern. Aber der hl. Romanus vereitelte die böse Tat, in dem er den niedersausenden Brocken aus der Bahn warf. Wirkungslos kullerte er darauf den Hang vollends hinunter und blieb am Fuße des Berges – an der heutigen Stelle – liegen. Die Fingerabdrücke des Bösewichts können jetzt noch im »Teufelstein« erkannt werden.

Nach einer anderen Erzählung ärgerte sich der Teufel sehr über den Bau des Wallfahrtskirchleins. Deshalb entschloß er sich, die neue Stätte des Gebets und der Andacht mit einem mächtigen Stein zu zertrümmern. Als er sich gerade anschickte, den Felsbrocken zum Vernichtungswerk zu heben, kam der Herrgott vorüber und zeichnete drei Kreuze auf den Sandstein. Und siehe da, dieser wurde so schwer, daß ihn der Satan selbst mit Teufelsgewalt nicht mehr bewegen konnte und deshalb von seiner Freveltat ablassen mußte. Noch heute kündet der »Teufelstein« am Orte jener Begegnung vom bösen Vorhaben des Höllenfürsten.

Noch eine dritte Sage umgibt den Teufelstein. Danach hatte ein frommer Einsiedler für die Bewohner dieser Gegend und zu Ehren des hl. Romanus ein Kirchlein erstellt. Darüber ergrimmte Luzifer so sehr, daß er beschloß, das Gotteshaus zu zerstören. Aus den Wäldern der Umgebung schleppte er einen übergroßen Steinblock herbei und stellte ihn auf den Sattel zwischen dem Heubach und Sankt Roman ab, um vor seinem Gewaltakt noch etwas auszuruhen. Da kam ein Bauer vorbei und fragte den Fremden, was er mit dem Felsstück anfangen wolle. »Damit möchte ich euer neues Bethaus zermalmen«, entgegnete barsch und entschlossen zur Tat der Böse mit dem Pferdefuß. Das Männlein erschrak über dieses teuflische Ansinnen sehr, sank in die Knie und rief Gott und alle Heiligen um Hilfe und Rettung an. Da wurde plötzlich der Steinblock weich wie Brei, so daß der große Verführer der Menschen die zähflüssige Masse nicht mehr aufnehmen konnte. Wutentbrannt schlug er seinen Huf in den Stein und zog unverrichteter Dinge von dannen.

Nicht weit vom Teufelstein, in Richtung Heubach, wohnte viele Jahrzehnte auf dem Abrahamsbühl ein Original von Gottes Gnaden. Es war der fürstlich fürstenbergische Beiförster Josef Anton Fürst, der am 2. März 1809 in Wittichen geboren wurde. Wie sein Vater widmete er sich dem Wald und übernahm 1841 die Forststelle in Heubach. Wegen der Nähe zum geheimnisumwitterten Teufelstein nannte er sich »Fürst am Teufelstein«, woraus das Volk sehr schnell »Fürst vom Teufelstein« formte. Unter dieser Bezeichnung hat der Volksschriftsteller Heinrich Hansjakob das Leben dieses braven Grünrocks in einer prächtigen Erzählung geschildert und diese seinen »Waldleuten« beigefügt.

Noch heute erinnern ein Gedenkstein und die Aufbauten seines Grabes auf dem Friedhof an diesen originellen Haudegen. Vor einiger Zeit erhielt der jetzige Förster und einer der Nachfolger des Teufelsteiners einen Brief aus England, in dem er als »Ihre Majestät . . .« angeredet wurde. Der Schreiber stellte sich als Sammler von Familienbildern europäischer Adelsgeschlechter vor und bat ebenfalls um eine Aufnahme von »seiner Majestät« inmitten seiner Lieben . . .

Der Teufelstein hatte inzwischen seinen Schrecken für die Anwohner längst verloren. Sie rückten ihm sogar mit Hammer und Meißel zu Leibe. Schon hatte der rund sechs Kubikmeter große Koloß einige Stücke verloren, da gebot die fürstliche Standesherrschaft das weitere Abschlagen.

Am 28. September 1896 stand ein großer, stämmiger Mann im langen schwarzen Gewande mit einem breitrandigen Schlapphut auf dem Kopf nachdenklich vor dem Teufelstein. Es war Hansjakob, der von Schiltach kommend, zunächst im »Auerhahn« eingekehrt war, dem Forsthaus auf dem Abra-

Der originelle »Fürst von Teufelstein«.

hamsbühl einen Besuch abstattete und jetzt langsamen Schrittes über den rund 750 Meter hohen Sattel dem Bergdorf St. Roman zustrebte. Zuvor hatte der Volksschriftsteller mit dem Waldhüter Josef Dieterle gesprochen, der ihm viel von seinem originellen Vorgänger zu berichten wußte. Aus dem Gespräch, mehr noch aus dem sich lange hinziehenden, intensiven Briefwechsel zwischen dem biederen Forstmann und dem Stadtpfarrer von St. Martin, gestaltete der Haslacher seinen »Fürst vom Teufelstein«. Dieser erschien im Spätjahr 1897 im Sammelband »Waldleute«, der seither eine begeisterte Leserschaft gefunden hat, welcher Hansjakob mit meisterhafter Feder immer wieder aufs neue Land und Leute rund um den Teufelstein vorstellt.

Den Hexen folgten die Drachen

Es ist müßig, sich darüber zu streiten, welcher Berg des Schwarzwaldes die schönste Aussicht bietet, der Feldberg, der Blauen, der Belchen, der Schauinsland, der Kandel, der Brandenkopf oder die Hornisgrinde, um nur einige Namen zu nennen. Eines aber bleibt unwiderlegbar: Wer auf dem Gipfel des steil über der Freiburger Bucht aufragenden Kandels steht, ist vom weitgespannten Rundblick überwältigt.

Bei klarer Sicht breiten sich nicht nur die Höhenzüge des gesamten Schwarzwaldes von der Grinde bis zum Blauen vor unseren trunkenen Augen aus, nein, mitten aus der uns zu Füßen liegenden Oberrheinebene ragt der rebenumrankte Kaiserstuhl auf, hinter dem das blaue Band der Vogesen an den westlichen Horizont stößt. Dann aber steigen im Süden hinter den Höhenrücken des Schweizer Juras aus dem zarten Dunstmeer die weißleuchtenden Schneeriesen und gigantischen Felstürme der Alpenkette von der Scesaplana bis zum Montblanc auf. Schauen wir ostwärts über die Waldungen, so erkennen wir die Kalkfelsen des Albtraufs.

Die munteren Wasser der Gutach (Wildgutach) im Simons-
wäldertal, der Elz und der Glotter, die in einem Faltenwurf des
Berges als Tochter des Kandel entspringen, umspülen den
Saum des mächtigen Massivs, an dessen Südseite sogar der
glutrote, feurige »Glottertäler« im Sonnenbade reift.

Erstmals taucht der Name Kandel urkundlich zu Beginn des
12. Jahrhunderts in den Annalen des sich an seine südöstliche
Abflachung schutzbedürftig anlehnenden Klosters von St.
Peter auf, in dessen Gruft die Herzöge von Zähringen ruhen.
Doch schon lange Zeit zuvor sahen die Kelten und die ihnen
nachfolgenden Alemannen auf seiner erhabenen Höhe ihre
Götterburg, in der ihre höchste Gottheit Wodan thronte und
seine Himmelsheere aussandte. Auf der Suche nach einer
Deutung der Herkunft des Namens Kandel stoßen wir auf das
keltische Wort »cant« (weiß) und den indogermanischen Be-
griff »skant« (leuchten). Tatsächlich grüßt der von der Ebene
bis zu einer Höhe von 1243 m majestätisch aufsteigende Berg –
besonders zur Winterszeit – mit seinem weiß leuchtenden
Haupte weit ins Land hinaus, wenn die letzten Strahlen der
Abendsonne seinen Gipfel noch ehrfurchtgebietend vergol-
den. Das Christentum vertrieb die heidnischen Götter, und im
Mittelalter nahmen die Hexen ihre verwaisten Stühle ein, um
sich besonders in der gespenstischen Walpurgisnacht auf dem
»Brocken des Schwarzwaldes« in großer Schar zum unheimlichen Besentanz zu treffen. Doch wo die Krummnasen sich
sammeln und ihre dämonenhaften Orgien abhalten, ist der
Leibhaftige nicht weit. Als Grünrock getarnt, durchstreift er
die Wälder, erschrickt die Menschenkinder und feiert mit der
Teufelsbrut am Kandelfelsen fröhliche Urständ. Was lange
dem Traumgesichte vorbehalten blieb, wurde bittere Wirklichkeit, als zur Zeit der mittelalterlichen Hexenverfolgung
die Angeschwärzten der umliegenden Ortschaften – durch
menschliche Verirrungen Gefolterten – mit den bösen Kan-
delgeistern in Verbindung gebracht und ihre armen Seelen zu
Ihresgleichen auf den Dämonenberg verbannt wurden.

Da mag man gern den unheimlichen Berg gemieden haben und lieber in seine Flanke eingedrungen sein, um aus den Stollen Silber (Bleiglanz), Zink, Kupfer und Eisenkies ans Tageslicht zu fördern. Nur der »Kandelhof« schmiegte sich als Deutschlands höchstgelegenes Bauerngehöft lange Zeit als einzige menschliche Behausung hinter den sturmumbrausten Gipfel, wo die Fichten an der Baumgrenze ums Überleben kämpften. Dann gesellte sich noch vor der letzten Jahrhundertwende das »Rasthaus« dazu.

Die Waldkircher schickten einst mit einem Hirten ihr Vieh auf die kahlen Höhen ihres liebgewonnenen Hausberges, denn ein alter Grenzstein zeigt heute noch auf dem Kandel den höchsten Punkt der einstigen Gründung der Herren von Schwarzenberg an. Im Spanischen Erbfolgekrieg, zu Beginn des 18. Jahrhunderts, bezogen die Strategen auch den Hexenberg in ihr Abwehrkonzept ein und ließen Verschanzungen errichten, an die noch die Namen »Militärschlag« und »Linie« erinnern wollen. Im Ersten Weltkrieg hielten dann Soldaten auf dem Berg Ausschau nach modernen »Hexenkisten«, nach feindlichen Flugzeugen. In einem dramatischen Luftkampf holte ein deutscher Flieger sogar seine drei französischen Widersacher vom Himmel, von ihren propellergetriebenen Besen herunter!

Doch schon viele Jahre zuvor hatte der Schwarzwaldverein in einer friedlichen Aktion den fürstlichen Kandel für den Wanderer eingenommen und auf der höchsten Stelle, auf dem pyramidenartigen trigonometrischen Signal, 1888 eine Orientierungstafel anbringen lassen. In diese »Pyramide« ließen dann 1925 die Veteranen der ehemaligen Infanterie-Gebirgsbatterie für ihre gefallenen Kameraden eine Gedenktafel ein. Nach und nach siedelten sich auch auf und rund um den Berg einige Schutzhütten an, um dem Wanderer eine zusätzliche Unterkunft zu bieten. Die Hochfläche mit ihren zerzausten Baumgruppen, Waldungen, kleineren Mooren und Weihern, aber auch mit ihrer seltenen Gebirgsflora, den besonderen

Der alte Grenzstein und das Berghotel auf dem Kandel.

Blumenarten, die die Eiszeit zurückgelassen hat und die sonst nur in den Alpen und in den nordischen Regionen vorkommen, läßt das Herz des Wander- und Naturfreundes höher schlagen. Daß diese hochgelegene Region auch ein guter Nährboden für Originale ist, dafür will das legendäre »Plattewiebli« bürgen.

Noch eine Besonderheit weist der Kandel auf: Auf ihm stoßen nicht nur vier Gemeinden – Waldkirch, Glottertal, St. Peter und Simonswald – und die Landkreise Emmendingen und Breisgau-Hochschwarzwald zusammen, sondern auch zwei Klimazonen. Über die Höhe verläuft nämlich die Grenzlinie zwischen dem Klima der Oberrheinebene und des Schwarzwaldes, das sich nicht selten in einer »Wetterumkehr« vorteilhaft bemerkbar macht.

Die zunächst für die Forstwirtschaft 1934 von Waldkirch aus angelegte »Kandelstraße«, die in den letzten Jahren ihre Fortführung über den Sägendobel ins Glottertal und nach St. Peter erfahren durfte, erschloß die sagenumwobene Höhe auch für den Autowanderer. In den Jahren 1957/58 erbaute man auf dem markanten Gipfel, auf dem sich schon einmal heidnische Gottheiten wohlfühlten, nahe dem Berghotel, die »St. Pius-Kandelkapelle« als eine Stätte zum Lobpreis des Schöpfers, dem man sich in dieser bezaubernden und beeindruckenden Landschaft hoch über den Tälern und Sorgen des Alltags besonders verbunden weiß.

Gewichen sind die Hexen. Ausgerechnet in der Walpurgisnacht 1981 brach ihr einstiger Treffpunkt mit dem Teufel, der obere Teil des Kandelfelsens, zusammen, und über 2000 Kubikmeter Steinmassen stürzten zu Tale. Doch ihren Flugbahnen folgen jetzt die Drachen. Nahe dem Berghotel ist eine hölzerne Absprungrampe erstellt worden, über die die tollkühnen Drachenflieger gleiten, um von einem kräftigen Aufwind begünstigt, mit ihren bunten Schwingen, gleich einem Ikaros, hoch über dem Kandel, dem »Dach des Breisgaus«, nach Hansjakob, dem »Keltenberg«, der Sonne entgegen zu segeln . . .

Der Zeitgeist verschlang die Mönche

Der November des Jahres 1806 legte sich besonders schwer auf Geist und Gemüt der Mönche des Klosters St. Peter. Nicht nur die vordergründigen Gedanken an Tod und Vergänglichkeit, die Erinnerung an die verstorbenen Mitbrüder und Angehörigen forderten ihren Tribut, vielmehr senkte sich das Schwert der Auflösung ihres traditionsreichen Konvents immer bedrohlicher auf sie herab.

In der Auseinandersetzung zwischen Frankreich und Österreich hatten sich bereits drei schreckliche Kriege über die Lande am Oberrhein und den Schwarzwald gewälzt. Tod, Zerstörung, Plünderung, Not und Angst griffen jeweils unbarm-

Die barocke Klosteranlage von St. Peter.

herzig nach der Bevölkerung und ließen sich auch nicht durch die Klostermauern aufhalten. Längst wußte man, was die revolutionären Schreie nach Freiheit, Gleichheit und Brüderlichkeit vom jenseitigen Rheinufer auch den Menschen, der Kirche, besonders den Klöstern diesseits des Stromes bringen würden. Dabei durften die Abteien im vorderösterreichischen Breisgau genauso wenig auf Rücksicht und Entgegenkommen hoffen wie jene in der mit Wien damals eng verbundenen Ortenau.

Bereits im Frieden von Luneville (9. Februar 1801) wurde den deutschen Fürsten eine Entschädigung durch geistlichen Besitz für ihre linksrheinischen Gebietsverluste zugesagt, so daß schon im Jahr darauf der weltliche Griff nach den Klostergütern einsetzte. So machte der badische Markgraf Ende 1802 seine neuen Rechte über das Kloster Schwarzach geltend, während bald darauf – im April 1803 – Ettenheimmünster an

Baden fiel. Durch den »Reichsdeputationshauptschluß« (1803) wurde nach dem Vorbild der Französischen Revolution nahezu aller geistliche Besitz aufgelöst, die »Säkularisation« beschlossen.

Jetzt schlug auch dem Gengenbacher Kloster die Stunde, wenn der Reichsabtei auch zunächst noch eine Sonderstellung in der Ortenau eingeräumt wurde. Dagegen verloren die Prämonstratenser von Allerheiligen im hinteren Renchtal um die Jahreswende von 1802/1803 ihre Existenzberechtigung. Über die Klöster, Stifte und Abteien des Breisgaus, z. B. St. Blasien, St. Trudpert, Tennenbach, St. Peter, aber auch über Schuttern in der Ortenau streckte der Fürst von Heitersheim, ohne Rücksicht auf seine geistliche Stellung als Großprior des Malteserordens, seine Hände aus.

Doch nach und nach machte ihm der Markgraf, Kurfürst und spätere Großherzog Karl Friedrich von Baden diese vorschnellen Annektionen streitig, da er sich durch entsprechende Gegenleistungen immer mehr in der Gunst Napoleons sonnen durfte. Im Frieden zu Preßburg (25. Dezember 1805) wurden der Breisgau und die Ortenau, mit dem entsprechenden Klosterbesitz, dem neuen Kurfürstentum Baden einverleibt.

Schon im Februar 1806 erschien der badische Hofgerichtsdirektor Stösser im Kloster von St. Peter und verkündete dem Unheil ahnenden Konvent: »Im Namen seiner Kurfürstlichen Durchlaucht, des Herzogs von Zähringen, des Landgrafen zu Breisgau und Ortenau, dem Fürsten zu Heitersheim, nehme ich das Kloster in Besitz und erkläre es von nun an als aufgelöst . . .«.

Zunächst wurde den Mönchen der Verbleib in ihrer bisherigen Heimat zugesagt und ein gewisses Wohlwollen des neuen Landesherrn versichert, wenn auch der badische Kommissär gleich darauf im Wirtshaus herablassend konstatierte: »Mögen die Mönche noch so jammern, in vier Wochen sind alle Klöster aufgehoben . . .!«

Der amtierende Abt Ignaz Speckle, eine hehre, geistvolle wie auch tatkräftige und bedeutende Erscheinung in den ersten Jahrzehnten des aufziehenden 19. Jahrhunderts, Bürgersohn des Städtchens Hausach im Kinzigtal, ließ jedoch nichts unversucht, sein Kloster als die Grablege der Zähringer Herzöge zu retten. In seinem über zwanzig Jahre geführten Tagebuch, das 1966 in zwei über 1000 Seiten umfassenden Bänden als unersetzliche Geschichtsquelle erneut veröffentlicht wurde, schildert der Prälat nicht nur die durch Kriegswirren gezeichneten politisch-geistigen Strömungen seiner Zeit, sondern auch das Schicksal der Klöster unserer Heimat am Oberrhein.

Mit der Hoffnung, daß der nun wieder zu großer Macht gelangte jüngste Sproß der Zähringer Verständnis für den Fortbestand des Klosters am Grabe seiner Urahnen zeigen würde, reiste Speckle im März 1806 in die Residenz nach Karlsruhe. Die freundliche Aufnahme, das Wohlwollen Seiner Durchlaucht täuschten jedoch den Abt nicht darüber hinweg, daß die politische Lage den Mönchen, den Klöstern nicht gut gesonnen war. Deshalb schied der Sohn Benedikts ohne bindende Zusage, jedoch nicht ohne jegliches Hoffen.

Zuversichtlich ließ er sogar wieder schadhafte Klostergebäude instandsetzen. Allerdings zeigten die immer wieder erscheinenden Beamten unzweideutig den Kurs an. Einmal verlangten sie Einlaß in die überaus wertvolle Bibliothek des Klosters und wollten unersetzliche Werke mitnehmen. Dann listeten sie das Vermögen auf und überprüften den klösterlichen Besitz. Später gar fragten sie die Mönche, wie sie ihr Leben nach der Auflösung des Konventes beschließen wollten. Selbst das bischöfliche Ordinariat von Konstanz erbat die Auskunft, welche Mönche des Stiftes in der weltlichen Seelsorge tätig werden wollten. Jeder Funke Hoffnung erlosch, als von Karlsruhe die Nachricht eintraf, daß nun auch noch die letzten bestehenden Klöster St. Blasien, St. Peter und Gengenbach aufzuheben seien.

Ignaz Speckle, der 56. und letzte Abt von St. Peter.

Niedergeschlagen vertraute sich Abt Speckle dem Tagebuch an: ». . . Viele verzweifelten und wollten nirgends eine Hoffnung sehen. Ich war für mich selbst rat- und hilflos – ich wußte nichts mehr zu versuchen. Keine Wege, keine Patrone, welche tätig hätten sein können, oder wollen. Ich machte wohl noch den Vorschlag, daß man St. Peter zu einer Lehranstalt verwenden, dem Stifte den Auftrag machen könnte, ein Gymnasium im Lande zu übernehmen, aber darauf ward nicht geachtet. Es schien immer mehr, daß der Schluß sei, alle Klöster aufzuheben. Gott, Ewiger, Allmächtiger. Leite doch zum Guten, was geschieht, lehre uns deinen Willen zu erkennen und den erkannten zu tun . . .«.

Am 21. November 1806, dem offiziellen Tag der Auflösung, versammelte Ignaz Speckle nochmals seine gesamte Klosterfamilie um den Hochaltar der Stiftskirche über den Gräbern der 55 Äbte des Klosters und den Gebeinen der Zähringer Herzöge zum Gottesdienste. Danach wurde den Mönchen die endgültige Aufhebung von St. Peter mitgeteilt. Nach und nach entvölkerte sich der Konvent. Die jungen Patres gingen in die Seelsorge, die alten suchten sich mit der vom Staate zugesicherten Pension irgendwo ein Unterkommen, während Abt Speckle noch einige Zeit im Kloster auf dem Berg bleiben durfte.

Im Herzen trug er bis zu seinem Lebensende (1824) ein kleines Fünkchen Zuversicht, daß doch wieder der Chorgesang der Benediktinermönche in der Barockkirche von St. Peter erklingen würde, wenn auch der Großherzog in Karlsruhe gesagt haben soll: »Ich hätte das Kloster St. Peter gerne erhalten, aber der Zeitgeist hat es nicht zugelassen . . .«.

II.

Der Väter Brauch und Arbeit

Glücksbringer an der Jahresschwelle

Im allgemeinen ist die Festzeit nicht gerade eine besondere »Hochzeit« für unsere Bäckersleute, denn noch immer gehört es zum Stolz der meisten Hausfrauen, auf das Weihnachtsfest selbst den Bäckermeister zu vertreten. Da werden Weihnachtsgutsele in den verschiedensten Formen und nach besonderen Rezepten gebacken. Neben einigen Kuchen darf auch der Christstollen für das Weihnachtsfest nicht fehlen. Wer wollte dann noch zum Bäcker laufen, um das Brot, das das ganze Jahr über gereicht wird, zu holen? Zugegeben, die Bäcker haben sich auch der Zeit, den Umständen angepaßt: sie backen viele Süßigkeiten auf das Fest, um so vielen Frauen und Müttern aus der Verlegenheit zu helfen, denn die Weihnachtsbäckerei erfordert neben dem Talent zum Backen auch viel Zeit und Hingabe. Rechnet man die Zutaten und die Zeit . . . der Bäcker liefert dann bestimmt billiger. Aber die Kunstwerke der Mutter oder der Schwester schmecken doch noch besser, sind eigene »Handarbeit«.

Was aber die »Neujahrsbrezel« anbetrifft, sö halten unsere Bäcker nach wie vor das Monopol. Deshalb ist es verständlich, daß nach den Feiertagen, kurz vor Silvester-Neujahr in den Backstuben Hochbetrieb herrscht, denn es gehört zum guten Brauch unserer Heimat, daß am Neujahrsmorgen auf dem festlich gedeckten Frühstückstisch die Neujahrsbrezel nicht fehlen darf. Diese Brezel unterscheidet sich nach Form, Größe und Geschmack von den üblichen Salz- oder Laugenbrezeln, die uns das ganze Jahr über zum Kaufe angeboten werden. Will man es genau nehmen, so gibt es wie im Tier- und Pflanzenreich auch eine »Familie« der Brezeln.

Die gewöhnliche, die Salzbrezel haben wir schon erwähnt. Dann müssen wir noch die »Klausenbrezel« erwähnen, die um das Fest des großen Kinderfreundes St. Nikolaus gebacken wird. Mit ihrer »Schneck« und »Dub« erinnern sie an ein symbolhaftes Gebildbrot. Um das große Auferstehungs- und

Ist die Neujahrsbrezel nicht groß genug?

Frühlingsfest wird die »Osterbrezel« verzehrt. Die Familie der Brezeln blickt sogar noch auf eine sehr alte Tradition zurück als ein antik-christliches Kultgebäck. Die Gelehrten leiten das Wort Brezel aus dem Lateinischen ab, wo es soviel bedeutet, wie ein Gebäck in Gestalt von verschlungenen Armen. Würde es uns wundern, wenn die Liebenden gerne zu diesem Gebäck gegriffen haben? Andere versuchen, in der Brezel noch die Form des Sonnenrades zu sehen, das besonders unseren Vorfahren als Symbol des Lichtes, der Wärme und damit des Lebens heilig war.

Doch wir wollen jetzt der »Neujahrsbrezel« unsere Aufmerksamkeit zuwenden und dazu einem Bäcker über die Schulter schauen – nur zuschauen, denn die »Teigkneter« sind sehr vorsichtig, wenn es darum geht, ein altes Hausrezept preiszugeben, schließlich ist ja jeder Bäcker stolz auf »seine« Neujahrsbrezel. Zunächst erfahren wir deshalb nur, daß zu diesem besonderen Gebäck ein »mürber Hefeteig« notwendig sei. Doch so schnell lassen wir uns nicht abschütteln, soll doch im Zeitalter der »Aufklärung« der Kunde wissen, was alles im Teig, in der Ware steckt. Neben Mehl, Hefe, Salz und Wasser wird dem Teig auch Butter beigemengt, damit er mürbe wird. Diese Zutaten werden zu einem Hefeteig verarbeitet, der nachher etwa eine halbe Stunde gären muß. Dabei beginnt die Hefe zu »treiben«, der Teig hebt sich. Später wird dieser »zusammengeschlagen«, damit er noch besser gärt, noch besser aufgeht und zudem »luftig« wird. Eine Viertelstunde läßt man dann das Ganze nochmals ruhen und gären bis der Teig »reif« ist.

Dann wird der Teig verarbeitet, d. h. in kleinere Stücke verteilt und durch Ausrollen und Zusammendrehen zu Brezeln verarbeitet. Nachdem diese noch einige Zeit getrieben haben, kommen bei den größeren Brezeln noch ein geflochtenes Teigzöpfchen auf den »Bauch« oder »Rücken«. Der Ofen ist auf etwa 200 Grad erhitzt, sodaß unsere Neujahrsbrezeln in etwa 20–30 Minuten gebräunt sind, ein Zeichen, daß man sie aus dem Backofen holen kann. Nach dem Backen werden die erhitzten Brezeln noch mit »geläutertem« Zucker überstrichen. Darunter versteht man Zucker, der in Wasser bis zu einer bestimmten Temperatur erwärmt, gekocht wird. Zwischendurch erfahren wir, daß die »Osterbrezel« fast genau so hergestellt wird.

Draußen im Laden warten dann die verschieden großen Neujahrsbrezeln auf ihren Käufer. Viele Brezeln werden aber schon der Größe, und damit dem Preise nach, vorbestellt. In diesen Fällen bestimmt die Größe der Familie den Umfang des Neujahrsgebäcks. So ist es auch verständlich, daß der Bäcker »zwischen den Jahren« wohl die größten Brezeln bäckt. Früher durfte am Neujahrsmorgen in keinem Hause die Neujahrsbrezel fehlen, denn sie sollte allen, die nach ihr griffen, in den kommenden zwölf Monaten Glück und Gesundheit bringen. So wurde das Anschneiden der Brezel zu einem Familienereignis, auf das sich alle freuten, besonders dann, wenn die Größe des Backwerkes allen ein gehöriges Stück versprach.

Mit der Neujahrsbrezel eröffnet der Bäcker seinen besonderen Jahreskalender, dessen einzelne Abschnitte ein besonderes Backwerk darstellen. Der Neujahrbrezel folgen die im heißen Fett gebackenen »Berliner«, die besonders am »Schmutzigen Donnerstag« (Schmutz = Fett) munden. Jetzt müßten eigentlich die Laugen- oder Salzbrezeln erwähnt werden, die einst einmal zur klösterlichen Fastenspeise zählten. Zu Ostern werden die »Osterbrezeln« und die »Osterlämmchen« angeboten. Klausenbrezel, Weckenmann und »Hutzelbrot« (Birnen- oder Früchtebrot), das »Knusperhäuschen« und der Christstollen sind die letzten Blätter des »Bäckerkalenders«, der örtlich verschieden groß ist.

Früher aber wurde unsere Neujahrsbrezel auch unter dem Jahr gebacken und zwar als »»Gvatteribrezel«, als Gevatterbrezel. Nach der Taufe eines Kindes mußte der Bäcker eine große Brezel backen, die dann dem Götti, dem Gevatter (Pate) zum Dank für die Annahme seines Ehrenamtes geschickt wurde. Heute aber wird diese Brezel nur noch zu Neujahr gebacken. Als Glücksbringer im alten Sinne ist sie auch heute noch sehr willkommen, denn wer wollte sich für das neue Jahr nicht Glück, Gesundheit und Zufriedenheit wünschen?

Hit, hit, hit isch Peterstag ...

Neben der Fasnacht nimmt im Freudenkalender der Kinder bestimmt der 22. Februar, das Fest Petri Stuhlfeier, einen besonderen Platz ein, den ihm auch unsere moderne Zeit mit ihren artfremden Einflüssen noch nicht streitig machen konnte. In Haslach feiert groß und klein den »Storchentag«, in den Tälern um Hausach treffen wir das übermütige Kindervolk beim »Schirauschen«; auch im Wolftal kennt man den »Peterstag« mit den Heischsprüchen und in der einstigen Reichsstadt Zell sprechen die Buben und Mädchen vom »Petersspringen«. Aber auch in anderen Orten und Tälern geht dieser »hohe Feiertag« der Kinder nicht spurlos vorüber.

Einer besonders ausgeprägten Form dieses Tages begegnen wir in Unterentersbach bei Zell a. H. Um elf Uhr treffen sich alle Kinder des Dorfes in der Kirche, die dem Kinderfreund St. Nikolaus geweiht ist. Während die Glocken weit über das Tal schallen und ihr eherner Mund erst auf den Höhen der Geroldseck und dem Rebio verstummt, betet die große Schar den Englischen Gruß. Dann stellen sich die Buben und Mädchen schuljahrsweise auf, um langsam von Haus zu Haus durch das ganze Dorf zu ziehen. Dabei hört man bis zum Einbruch der Dunkelheit immer wieder den freudigen Ruf der vielen Kinderstimmen: »Hit, hit, hit isch Peterstag! Morn, morn, morn (morgen) isch widder ä Tag!« Man staunt, mit welcher Geduld und Ausdauer dieser Vers vor jedem Haus gesungen wird, bis die – man muß es schon sagen – jungen Damen und Herren des Entlaßjahrganges, der neunten Klasse, wieder zur Kinderschar zurückkehren. Es ist nämlich das Vorrecht der

Neuntkläßlerinnen beim Unterentersbacher Petersberg.

jeweiligen Entlaßschüler, ihre jüngeren Mitschüler nicht nur anzuführen, sondern auch die Familien aufzusuchen. Deshalb haben sie das Festtagsgewand angelegt.

Während die Mädchen ein weißes Kränzchen krönt, haben die Jungen ihren Hut mit einem Hochzeitssträußchen geschmückt. Über die Schulter tragen sie einen großen, weißen

Leinensack. Auch die Mädchen im Kinderzug tragen ein Kränzchen. Schon diese äußere Aufmachung will uns auf einen alten, vorchristlichen Frühlingsbrauch hinweisen, dem wir in den Sommertagszügen, den Lätarefeiern oder dem Haslacher Storchentag begegnen, ist doch gerade der Storch zum Symbol des wiederkehrenden Frühlings geworden. Kränzchen und Strauß erinnern an Braut und Bräutigam, an die neues Leben erweckende Hochzeit. Buben und Mädchen gehen nie gemeinsam in ein Haus. Sind die Kränzchenträgerinnen bei einer Familie, tragen die zukünftigen Männer anderorts ihr Sprüchchen vor:

»Wir treten herein, so stark und so fest und grüßen den Hausvater und all seine Gäst'. Grüßen wir das eine oder das andere nicht, so sind wir die Entersbacher Peterlesschüler nicht. Wir ziehen dem Großherzog durch sein Land. Das Land ist schön und so weit, da herrscht eine schöne Sommerszeit, da wachsen die Blumen so schön und so weiß. Es schneit sie aber ab mit allem Fleiß. - Hit isch Peterlestag, da wir alle Krotten und Schlangen verjagen! Nicht nur alle Krotten und Schlangen, sondern auch alle anderen giftigen Tiere in ihrem Aufenthalte - Amen.«

Die Hausmutter reicht nun den jugendlichen Besuchern Bohnen und Geld. In früherer Zeit überwogen natürlich die Bohnen, so daß die Petersschüler am Abend einige Zentner Bohnen zum Verkaufe hatten. Zum Dank ist zu hören: »Wir danken euch ganz höflich, weil ihr uns gegeben habt barmherziglich. Wir wünschen euch ein langes Leben, daß euch Gott der Herr mag geben, nach diesem dann das ewige Leben. - Vergelt's Gott - Ade!«

Alle guten Dinge sind drei- das scheint sich auch in Unterentersbach zu bewahrheiten. Die ersten beiden Besuche sind die Buben und Mädchen, ihnen aber folgen die Kleinsten. Als »eine Bande für sich«, wie man scherzhaft im Kinzigtal sagt, durchziehen die Kinder im vorschulpflichtigen Alter das Dorf, um ihre Gaben zu heischen. Mit einem Körbchen in der Hand bringen sie noch etwas schüchtern, aber um so wirkungsvoller ihr Sprüchlein dar: »Ich bin der kleine König. Gib mir nicht zu wenig! Laß mich nicht zu lange stehn, denn ich muß bald wieder weiter gehn!« Der Abend bricht herein, und das Dorf ist »abgegrast«. Nur die älteren Buben und Mädchen reisen noch nach Stöcken, einem Ortsteil von Unterentersbach, um auch die dortigen Einwohner mit dem Besuch zu erfreuen, denn alle wollen die guten Kinderwünsche für das kommende Naturjahr empfangen.

Die Oberentersbacher Schüler, die in keiner geschlossenen Dorfgemeinschaft wohnen, sind schon beizeiten aufgebrochen, um die zerstreut liegenden Höfe aufzusuchen. Als ungeschriebenes Privileg hat ihnen sogar die Nachbarschaftsschule in Zell für den besonderen Feiertag unterrichtsfrei zugebilligt; so wurde es bei der Auflösung der kleinen Dorfschule mit den Zellern vereinbart. Auch in Oberentersbach treten die Buben und Mädchen getrennt in die Stuben. Bei jeder Abteilung waltet aber ein »Säckelmeister« – zum Zeichen seiner Würde trägt er einen Hochzeitsstrauß – seines Amtes. Er muß jede Einnahme genau registrieren, damit am Ende des Rundganges auf den »Nillhöfen« genau abgerechnet und verteilt werden kann.

Noch bevor die goldenen Strahlen der untergehenden Sonne den Himmel über dem Kinzigtal dunkel röten, wollen auch die Kinder aus Oberentersbach wieder in ihrem Elternhaus sein; denn altes Brauchtum gedeiht dort am besten, wo es nicht »mißbraucht« wird, wo es von der älteren Generation in seliger Erinnerung gefördert und von der Jugend mit Begeisterung weiter gepflegt wird.

Loderndes Kreuz – glühende Scheiben

Es dämmert. Langsam schickt sich die Nacht an, ihren dunklen Schleier über das Schuttertal zu breiten. Auf dem Krebsbühl hoch über dem Dörfchen Wittelbach, einem Ortsteil von

Seelbach, dem Marktflecken und der einstigen Residenz der Geroldsecker, hat sich eine vielhundertköpfige Menschenmenge nach und nach angesammelt. Sie alle wollen den »Schiewefierdig«, das »Schiewefest« oder den »Schieweschlagesunndig« mit seinem traditionellen Scheibenschlagen am ersten Fastensonntag (Invocavit) auf dieser das Tal weithin beherrschenden Bergnase miterleben. Alles lauscht gespannt zum Dorf hinunter, denn jeden Augenblick kann die Betzeitglocke aus dem alten Chorturm des geschichtsträchtigen Wittelbacher Kirchleins das Zeichen zum Beginn des abendlichen Brauches geben, der früher einmal in den meisten Dörfern des Schuttertales als eines der Hauptwesensmerkmale der »Burefasent« (Bauernfasnacht) – auch »alte Fasent« genannt – gepflegt wurde.

Die »Schiewebuewe« haben bereits einen arbeitsreichen Tag hinter sich. Zunächst mußten die achtzehn-, neunzehnund zwanzigjährigen Burschen der Rekrutenjahrgänge unter dem Kommando des aus ihren Reihen gewählten »Scheibenvaters« das aus einem Dürrständer gezimmerte, nahezu 15 bis 20 Meter hohe Kreuz mit einem Traktor auf den Krebsbühl transportieren, aufstellen und durch Drahtseile sichern. Dieses »Schiewefierkriz« – man nennt es auch »Heiliger Geist« – ist mit Wellenholz, Reisig und darüber mit Stroh umwunden und könnte an die zu Fasnacht verbrannte Strohpuppe erinnern. Auch wurde am Nachmittag bereits das »Schiewefier« entzündet (damit am Abend genügend Glut vorhanden ist) und der »Schiewebock« aufgestellt. Da ertönt endlich vom Dorf herauf die trauliche Stimme der Glocke, um die abendliche Betzeit zu verkünden. Jetzt stellen sich die Scheibenbuben, die alle ein rotweiß gestreiftes Hemd tragen, in einer Reihe vor das Kreuz. Sie nehmen den flachen, hellen, mit einem roten Band verzierten Strohhut (Rekrutenhut) ab, drücken ihn mit der linken Hand an die Brust, während sie in der Rechten den Schlagstock mit einer Holzscheibe halten und beten nun gemeinsam den »Englischen Gruß«. Danach holt

der »Owerschiewevadder« (Scheibenvater) aus dem Scheiben-
feuer ein brennendes Holzscheit und entzündet das mächtige
Kreuz, an dem sofort die züngelnden Flammen emporklet-
tern, die einen gespensterhaften Schein in der angebrochenen
Vorfrühlingsnacht verbreiten. Währenddessen stecken jetzt
die »Schiewebuewe« die Haselnußstöcke mit den etwa hand-
flächengroßen, achteckigen Holzscheiben ins Feuer und warten bis sie glühend sind. Dann beginnt das für die Zuschauer
mitreißende Scheibenschlagen.

Die erste Scheibe, die über den Bock geschwungen wird, gilt
der »Ehre Gottes und der Heiligsten Dreifaltigkeit«: »Die
Schieb, die Schieb fahrt links und rechts, wem fahrt sie recht?
Sie fahrt der Heiligsten Dreifaltigkeit zu Ehren recht. Die
Schieb, die Schieb fahrt hoch!« Die nächsten Buchenscheiben
sind dem Pfarrer, dem Ortsvorsteher, den Mitgliedern des
Pfarrgemeinderates und des Ortschaftsrates und dann den
straßenweise zusammengefaßten »ehrenwerten Bürgern« von
Wittelbach gewidmet. Danach heißt es: »Achtung, Achtung,
jetzt wird's prächtig (je nach der Jahrgangszahl des Reimes
wegen auch ›Wuchtig‹, ›witzig‹ oder ›würzig‹), jetzt schießt der
Jahrgang . . . (sechzig, ›fuchzig‹, vierzig).« Nun sausen nacheinander die mehr als 200 »Spott- oder Manöverscheiben«
kometenhaft als ursprüngliche Symbole für die aufsteigende
Sonne und die Bitte um Gottes Segen für die Felder und Flu-
ren in die Dunkelheit, ins Tal.

Gelingt es einem »Schiewebue«, das glühende, sprühende
Holzstück weit hinaus über den »Krottengraben« zu schleu-
dern, dann ist ihm eine lautstarke Anerkennung der Menge
sicher. Bevor jedoch eine Scheibe den Bock verläßt, ertönt ein
Spottvers über einzelne bekannte oder verborgene Begeben-
heiten, die sich während des Jahres zugetragen haben und die
im »Schiewebuech« festgehalten wurden. Dabei geht es nicht
gerade zimperlich zu, vielmehr werden im derb-deftigen Ton-
fall die Schwächen der Menschen offengelegt. Die neugierigen Besucher erfahren auch viel über das, was die jungen

61

Beim Wittelbacher Scheibenschlagen.

Leute, die »Schiewebuewe«, bewegt und sie in manch heikle Situation brachte. Jetzt wird es schonungslos preisgegeben. Diese Abrechnung erinnert an das in der alemannischen Volksfasnacht übliche »Schnurren« oder »Strählen«.

Wenn das »Schiewefierkriz« ziemlich abgebrannt ist, beendet folgender Spruch das Scheibenschlagen: »Die Schieb, die fahrt de Rai nab, d'Küechlipfann hät ä Bei ab, de Ankehafe (Anke = ausgelassene Butter) hät de Bode drus, un jetzt isch die alt Fasent us!« Damit werden wir gleichzeitig an die Bezeichnung »Kiechlisunndig« für den Funkensonntag erinnert, an dem in manchen Wirtschaften des Schuttertales noch heute den Gästen kostenlos »Schwerwekiechli« - Fasnachtsküchle - gereicht werden.

Im Dorf angekommen, klopfen die Scheibenbuben zu zweit noch an die Türen und halten unmißverständlich beide Hände auf, wenn sie da vortragen: »Mir sin zwei armi Schiewebuewe, mir fresse nit gern Krut (Kraut) un Ruewe (Rüben). E Stück Speck vun de Sitte weg, e Schunke (Schinken) dät au guet dunke. E Ei isch uns einerlei. Geld oder mir were schelp (böse). E Kiechli rus oder mir schlage e Loch ins Hus!« Die reichlich erhaltenen Gaben werden anschließend in einer der Dorfgaststätten beim »Schiewesunndig-Zoweesse« in gemeinsamer, froher Runde umgesetzt.

Das Wittelbacher Scheibenschlagen, das seit 1975 bereits am Vorabend des Funkensonntags veranstaltet wird, dürfte in seinen Ursprüngen wie die Fasnacht im heidnischen Fruchtbarkeits- und Frühlingsbrauchtum begründet sein, das durch die Einflüsse des Christentums nach und nach überdeckt, veredelt, dann aber auch mit einer närrischen Note versehen wurde. Der tiefere Sinn ist, daß mit Feuer, Licht und Wärme dem Lenz und seiner Lebenskraft mit diesem zauberhaftbegeisternden Geschehen auf dem Krebsbühl Tür und Tor geöffnet werden sollen.

Die Schwarzwälder »Rauchkuchi«

Das Reich der Hausfrau, die Küche, mit ihren eingebauten Schränken, Herd, Spülbecken, Kühlschrank und vielen anderen Dingen zur Erleichterung der täglichen Arbeit, ist heute im allgemeinen ein Schmuckstück der Wohnung. Ob nun Wohnküche oder nur Kochnische, Bequemlichkeit, eine gewisse Automatisation und die Möglichkeit, rationell zu arbeiten, herrschen vor.

Ganz im Gegensatz dazu stand die Küche im Bauernhof, die sogenannte »Rauchkuchi«, in der die Bäuerinnen und Mägde über Jahrhunderte hinweg hantieren mußten, die jedoch im Zuge der Umbau- und Renovierungsarbeiten auf den Bauern-

Die Rauchkuchi als Idylle (nach W. Hasemann).

höfen des Schwarzwaldes, die besonders in den letzten Jahrzehnten im verstärkten Maße einsetzten, nach und nach verschwanden. Es gehört deshalb schon zu einer Seltenheit, noch eine intakte »Rauchkuchi«, die benutzt wird, zu finden. Dafür vernehmen wir das »Ah« und »Oh« der erstaunten Besucherinnen auf dem Gutacher Vogtsbauernhof-Museum, wenn sie die »Rauchkuchi« aufsuchen, bestaunen und in nostalgischer Anwandlung sogar bewundern.

Doch diese Zuneigung erkaltet sehr schnell, wenn die Frage aufgeworfen wird, ob die Hausfrau ihre eigene häusliche Küche »Modell 2000« mit dieser äußerst einfachen »Rauchkuchi« vertauschen würde. Der Rauch des Herdfeuers tritt nämlich etwas oberhalb der Herdplatte, etwa in Kopfhöhe der Köchin, wieder aus der Wand oder bei anderen Herdarten aus dem Ofenrohrstutzen. Meist sammelt sich dann in einem Rauchfang der Qualm, damit glühende Funken abgefangen werden können. Dann zieht der Rauch an der Küchendecke entlang, sucht beim offenen Küchenfenster das Freie oder streicht gemächlich durch das Haus bis hinauf zum Firstbalken. Die auf diese Art langsam aber sicher eingeräucherten Balken und Sparren hielten durch ihre Glanzrußschicht über Jahrhunderte den Holzwurm fern. Diese Glanzrußschicht überzog natürlich auch die Wände, vor allem die Decke der Küche, die deshalb nie geweißelt werden konnte, da sie ja ständig vom Rauch »geschwärzelt« wurde.

Die Küchendecke war aber zur gleichen Zeit auch die Räucherkammer des Schwarzwaldhofes. Nach dem Schlachten wurden die Speckseiten, Vorder- und Hinterschinken und die verschiedenen Wurstsorten an einem besonderen Stangengerüst an der Decke aufgehängt und geräuchert. Die Räucherwaren blieben dann bis zum Verzehr in der »Rauchkuchi« hängen.

Es gab Metzger, die ihre Wurst- und Fleischwaren extra in solchen alten Schwarzwaldküchen räuchern ließen, weil der Speck und die geräucherten Würste einen ganz besonders guten Geschmack durch die »Behandlung« in der »Rauchkuchi« bekamen.

Gstockti Milch, Bändelikrut und Striebli

Zunächst möchte ich an eine alte, märchenhafte Geschichte erinnern: Ein König verirrte sich bei der Jagd im tiefen Wald. Nach langem Suchen fand er eine einsame Köhlerhütte. Die kinderreiche Familie saß gerade beim Abendessen und lud deshalb den völlig durchnäßten und erschöpften Unbekannten zum kärglichen Mahl ein. Es gab »gstockti« Milch und »gschwellti« Kartoffeln (Sauermilch und Pellkartoffeln). Dem späten Gast schmeckte das einfache Essen weitaus besser, als das ausgesuchteste Mahl an der königlichen Tafel! Warum? Er hatte einen Bärenhunger! Wie heißt es doch heute noch so schön? – Hunger ist der beste Koch!

Deshalb prägten in früheren Zeiten meist Armut und Hunger den täglichen Speisezettel des einfachen Volkes, das sich weder mit der Gabel und dem Messer die Gesundheit ruinierte noch unter der Last des Übergewichtes zu keuchen hatte! Fleisch? Es kam nur selten auf den Tisch, zählte über Monate zur Mangelware. Erst zur Kirchweih wurde wieder einmal die Metzgerei aufgesucht und der »Kilwibrote« (Kirchweihbraten) eingekauft. Wenig später ging es den Schweinen an den Kragen. Ein »Schlachtfest« wurde gefeiert, ja, der Schlachttag war ein Festtag. Von nun an hatte man wieder für längere Zeit Fleisch!

Was brachte die Köchin sonst auf den Tisch? Im Herbst wurde nicht nur gesorgt, daß die Kartoffeln in den Keller kamen, sondern auch die Ständle gefüllt, auf daß an Sauerkraut, saueren Rüben und saueren Bohnen über die Wintermonate kein Mangel herrschte. Konnte man dann noch etwas Speck, Geräuchertes oder Eingesalzenes dazu in den Topf legen, glaubte man sich schon im Schlaraffenland. Der Schinken blieb besonderen Festlichkeiten vorbehalten. Im Frühjahr gab es dann schon das erste »Bändelikrut«, ein rauhhartes Kehlkraut, das auch als »Zwelfapostelkrut« aufgetragen wurde, weil der Güte nach zwölf Apostel schon an einer Portion genug gegessen hätten!

Milch, Mehl, Fett und Eier bildete bei den »Selbstversorgern« die Grundlage zu vielen alten Gerichten. Heiße Milch und eingebrocktes Brot ergab schon die einfache Milchsuppe, deren Verfeinerung dann als die »wißi Supp« auf den Tisch kam. Bleiben wir bei den Suppen. Noch heute gibt es die »ibrännti« (eingebrannte) oder »schwarze Supp« mit gebräuntem Mehl oder ähnlich mit Grieß als »ibrännti Grießsupp«. Neben der bekannten »Ärdepfelsuppe« (Kartoffelsuppe) soll nicht die »Riebelesupp« vergessen werden. Nicht selten wurden zur Suppe einfach geschwellte Kartoffeln oder in besserer Güte als »Brägele« (Bratkartoffeln) gereicht, um die leeren Mägen zu stopfen. Kartoffeln in Verbindung mit Milch, Sauermilch (gstockti Milch) oder »Bibiliskäs« (ähnlich wie Quark) ließen auch den Hunger bezwingen.

Mehlspeisen füllten in früheren Zeiten meist den Küchenzettel. Der »Dummis« ist bis heute noch bekannt, berichtete doch schon Hansjakob vom »Dummisessen« des armen, hungrigen Schneiders auf dem Hermeshof. Im heißen Fett gebacken, stellten die »Holderkiechli« (Holunderküchle) – im Frühjahr mit den Holunderblüten und im Herbst mit den schwarzglänzenden Beeren hergestellt – schon etwas Besonderes dar, denen allerdings die »Striebli« nicht nachhinken wollten. Ebenfalls dem heißen Fett entschlüpfen die »Kilwikiechli« (Kirchweihküchle) als ein Markenzeichen des Kirchweihfestes, die allerdings auch an Fasnacht (Schmutziger Donnerstag) oder am Funkensonntag verschiedentlich auftauchen. Die Teigreste beim Brotbacken wurden zum »Flammenkuchen« mit verschiedenen Auflagen wie Speck, Rahm oder Zwiebeln veredelt und als Hochgenuß gepriesen. Von denselben Eltern stammen auch die »Datschkuchen«, deren Teig noch mit rohgeriebenen Kartoffeln und Apfelschnitzen vermischt werden. Dieses Gebäck wird heute noch als eine besondere Spezialität bei der Hausacher Fasnacht verteilt.

Heutzutage, in unserer übersättigten Gesellschaft, werden so manche alte, bäuerliche Gerichte, oft das Essen armer Leute, gerne wieder als Spezialität angeboten. Mancher würde sogar wie jener Märchenkönig die Kartoffeln mit Goldklumpen aufwiegen...

Auf dem Rücken der Bäche und Flüsse

Der Schwarzwald gab früher nicht nur den Köhlern, Harzern und Glasern Arbeit und Brot, sondern auch die Flößer gingen über 600 Jahre ihrem schweren, nicht ungefährlichen Gewerbe nach. Fast auf allen Flüssen und Bächen, so auch auf der Kinzig, wurde geflößt. Besondere Flößerstädte waren

Flößer auf der wilden Wolf (nach E. Trautwein).

Wolfach und Schiltach. Hier waren die »Schifferherren« oder
»Floßherren« zu Hause. In ihren Diensten standen viele Flößer, die auf den Wildwassern die schönsten und mächtigsten
Stämme durch's Tal hinaus »ins Land« gegen Straßburg zum
Rhein hin flößten. Auf dem Heimweg nach getaner Arbeit
kehrten die kräftigen Männer in der einen oder anderen Wirtschaft an, um bei Speise und Trank ihre »Flößerzeche« zu halten. Von ihrer Reise brachten die Flößer auch wertvolle
Geschenke für ihre Angehörigen mit.

Manchmal fuhren im Jahr bis zu 300 Flöße kinzigabwärts.
Die längsten Flöße waren bis zu 600 Meter lang! Ein Floß
bestand aus mehreren »Gestören«. Ein Gestör (»Gster«) entstand, in dem man etwa sechs bis acht Stämme im Wasser ne-
beneinander legte und mit besonders angefertigten gedrehten
Weiden (»dreihti Wiede«) zusammenkoppelte. Beim Durch-
fahren fremder Herrschaftsgebiete mußte je nach der Holz-

68

menge eine entsprechende Zollgebühr (»Floß- und Wasserzoll«) entrichtet werden. So gab es früher beispielsweise bei Hausach, Biberach und Gengenbach sogenannte »Zollwehre«.

Die Rechte und Pflichten der Flößer waren in den alten »Schifferordnungen« verankert. Die eigentliche jährliche Floßzeit dauerte von Matthias (24. Februar) bis Martini (11. November). Auf den Flößen wurden als »Oblasten« noch zusätzlich Waren befördert: Sägwaren, Hopfen- und Rebstekken, Holzreifen, Schindeln, Rinden, Harz und aus den Bergwerken sogar Kobalt, das zu blauer Farbe verarbeitet wurde. Mit diesem Kobaltblau soll sogar für längere Zeit einmal das Delfter Porzellan bemalt worden sein. Die längsten und dicksten Stämme waren für Holland bestimmt. Man nannte sie deshalb »Holländer«. Durch die Flößerei kam Geld und Wohlstand in viele Familien und Gemeinden. Vielverehrte Flößerpatrone waren der heilige Nikolaus und der heilige Nepomuk.

Der bekannte Schwarzwälder Volksschriftsteller Heinrich Hansjakob hat in seinem Buch »Waldleute« viel über die Flößerei geschrieben. Durch die Eisenbahn wurden die Flößer nach und nach brotlos. 1895 hörte die Kinzigtäler Flößerei endgültig auf zu bestehen. Doch schon am 26. April 1887 schrieb der Rippoldsauer Floßmeister Melchior Vetter auf eine Holztafel, die auf dem Floß mitgeführt wurde: »Wir flößen heute zum letztenmal durch unser schönes Wolfachtal. Was lange unsre Freude war, ist wohl dahin für immerdar!«

Tief im Walde schwelte einst der Meiler

Im Märchen von Hänsel und Gretel erfahren wir, daß der Köhler tief drinnen im Walde seinem Gewerbe nachging und trotz vieler Arbeit meist ein armer Mann blieb. Noch heute erinnern Flurnamen wie Kohlerloch, Kohlplatz, Kohlgrub, Brandstatt, Brandmatt, aber auch die Familiennamen Kohler und

Der Köhler bei der Arbeit am Kohlenmeiler.

Köhler an diese Tätigkeit in unseren großen Waldungen. Der Köhler arbeitete aber nicht nur auf eigene Rechnung, er verdingte sich auch bei den großen Waldbauern.

Zu einem Kohlenmeiler wurden rund 40 Festmeter, meist minderwertiges Holz, im Kreis aufgeschichtet und dann mit Reisig und Erde überdeckt. Dadurch wurde dem Sauerstoff der Zutritt in das Innere des mächtigen Holzstoßes verwehrt, so daß das Holz nicht verbrannte, sondern nur »verkohlte«. Etwa drei bis vier Wochen schwelte der Meiler, bis aus den etwa 1,50 Meter hohen Holzrollen die begehrte Holzkohle entstanden war. Diese wurde vor allem in den Hammerschmieden und Erzschmelzen verwendet. Die Holzkohle war auch bei der Schmuckwaren-Herstellung begehrt, da sie eine hohe Hitze erzeugt, aber fast ohne Rauch verbrennt. Um die Jahrhundertwende ging die Köhlerei nach und nach ein.

Heute findet die Holzkohle durch das Grillen wieder mehr Absatz und sichert den wenigen Köhlern wieder ihre Arbeit.

Sie hausten schlimmer als der Borkenkäfer

Ein künstlerisch veranlagter Glasbläser der Dorotheenhütte in Wolfach zeigte vor einiger Zeit in einer Runde eine vielfarbige Glaskugel, die eventuell als »Neuheit« in die Produktion aufgenommen werden sollte. Dabei erinnerte sich einer der Anwesenden, daß er vor Jahren ein ähnliches Stück aus wohlgehütetem altem Familienschatz zu treuen Händen bekam. Der gläserne Ziergegenstand, eine »Glasblume«, stammt aus einer der alten Schwarzwälder Glasbläsereien, deren kunstvolle Erzeugnisse in alle Welt hinaus getragen wurden.

Wenn wir uns einmal die Standorte der Schwarzwälder Glasbläsereien, zu denen natürlich auch die Glashütte zur Gewinnung des Rohglases gehörte, etwas näher anschauen, so stellen wir fest, daß sie sich immer in sehr waldreichen, meist abgelegenen, nicht gerade gut zugänglichen Gegenden befanden. Ja, die Glaser wurden von ihren Herrschaften gerne in weit abgelegene Waldgebiete gesandt, um dadurch das anfallende, aber durch schwierige Wegverhältnisse doch nicht nutzbare Holz, trotzdem noch gewinnbringend zu verwenden.

Dafür sorgten die Glasschmelzer! Für einen Zentner Glas brauchte man etwa 100 Kubikmeter Holz, wobei man das Holz nicht nur zum Schmelzen, sondern vielmehr zur Gewinnung der notwendigen Pottasche gebrauchte, die der Holzasche entnommen werden konnte. So zeigte sich, daß der Holzeinschlag nur zu 3 Prozent für das Schmelzen, dafür zu 97 Prozent zur Gewinnung der Pottasche verwendet wurde. Deshalb ist der Hinweis, daß die Glaser im Wald schlimmer hausten als die gefürchteten Borkenkäfer, nicht unberechtigt.

Auch im Kinzigtal lagen die Glashütten weitab der großen Verkehrsstraßen. Der Abt von Gengenbach schickte seine Leute in den hintersten Zinken des Nordrachtales unter den Gipfel der einst urwaldmäßigen Moos. In Verbindung mit dem Bergbau wurde dort auch blaues Kobaltglas angefertigt. Das »Glaserkirchlein« in Nordrach-Kolonie will an diese hohe Zeit der Glasmacher erinnern, die ihre erste Wirkungsstätte auf den Höhen verlassen hatten und ins Tal gezogen sind, wo sie ein anmutiges Kirchlein erbauten. Unwirtlich war auch das Gelände um den einsamen Wildsee, in dessen Nähe ein Glasofen brannte, damit die Bläser für den Vertrieb des Rippoldsauer Sauerbrunnens auch die erforderlichen »Guttern« herstellen konnten. Da die Glaser um den »Glaswaldsee« dem Wald zu sehr auf den Leib rücktcn, kamen sie den Flößern ins Gehege. Ein prächtiges Mosaik in der Pausenhalle der Oberwolfacher Schule erzählt uns, daß vielleicht in einem Seitenzinken des Rankachtales ebenfalls einmal die Glasbläser am Werk gewesen sein mußten. Es wird auch vermeldet, daß schon 1477 eine Glashütte auf dem Schöllkopf bei Schenkenzell betrieben wurde.

Der Fürst von Fürstenberg unterhielt lohnende Glashütten in Wolterdingen und Herzogenweiler, das einmal eine einzige Glasersiedlung in der Nähe der Zähringerstadt Villingen gewesen ist. Noch heute kennt man im Wald das »Glaserbrückle« auf dem Waldweg von Herzogenweiler nach Villingen, über das einst die Glaser mit ihren zerbrechlichen, aber doch begehrten Waren zum städtischen Markte schritten.

Wie die »Uhrenträger«, so gab es auch die »Glasträger«, die auf ihren schweren »Krätzen« die kostbaren Glaswaren nicht nur von Haus zu Haus, sondern in vieler Herren Länder brachten. Wer die tunnelreiche Schwarzwaldbahn aufmerksam befährt, stößt auf den Namen »Glasträgertunnel«. Überhaupt begegnen wir immer wieder im Schwarzwald Orts- und Flurnamen, die uns auf die Tätigkeit der Glaser hinweisen z. B. Altglashütten oder Glasig.

Wenn wir einmal über die Schultern eines alten Schwarzwälder Glasermeisters schauen dürften, dann könnten wir folgendes Rezept für die Glasherstellung erfahren: 60 Teile Kieselsand (Quarzsand), 25 Teile Pottasche, 10 Teile Kochsalz und dazu noch etwas Arsenik und Braunstein. Doch die Jünger der wohledlen Zunft der Glasbläser, der Glaser im Schwarzwald,

Grabmale von Glasermeistern auf dem Friedhof von Herzogenweiler bei Villingen.

sind schon längst ausgestorben, die Glut ihrer Öfen erloschen, selbst die Standorte der Glashütten sind nicht mehr gut zu finden, würden nicht Flur- und Gewannamen auf sie hindeuten. Doch die Tradition der Kinzigtäler Glasbläser wurde nach dem Kriege in Wolfach wieder neu belebt, als dort Fachleute aus dem Sudetengau in der neugegründeten Dorotheenhütte ihre Kunst von neuem unter Beweis stellten. Neuerdings glüht auch wieder ein Glasofen in Alpirsbach, wo die »Glaserwiese« daran erinnert, daß die Äbte des dortigen Klosters dem Gewerbe der Glasbläser hold gesonnen waren. Auch im Höllental und in Aftersteg glüht wieder ein Glasofen. Doch das Brot mußten sich die Glaser stets schwer verdienen, war doch der Seufzer immer wieder zu hören: »Es ist ein unendlich Kreuz Glas zu machen«.

Flink wie ein Wiesel, scheu wie ein Reh

Jeder Reichtum bringt nur dann seinem Besitzer einen Vorteil, wenn er ihn nutzbringend verwenden kann. Dasselbe galt auch für die riesigen Waldflächen, die den Schwarzwald bis heute überziehen. Dort, wo die geschlagenen Stämme mühelos auf Wegen, vor allem durch die Flößerei abtransportiert werden konnten, brachten sie Arbeit und Gewinn. In den entlegenen Tälern, an den unzugänglichen Berghängen, ließ sich das anfallende Holz nur schwerlich weiter verarbeiten. Deshalb rückten in diesen einsamen Gegenden die Köhler und Glaser den fast undurchdringlichen Waldungen zu Leibe, brannten in der Schwellglut die Holzkohlen oder stillten in den Glashütten den schier unersättlichen Hunger der Schmelzöfen.

Zu ihnen gesellte sich als Dritter im Bunde der Harzer, der allerdings auf seinen Streifzügen auch in den gepflegten Forsten anzutreffen war. Dort aber sah man ihn nicht gerne, denn bei seinem Gewerbe ging er letztlich den prächtigen Fichten

Mosaik eines Harzers in der Oberwolfacher Schule.

ans Leben, wenn er ihnen das »Blut«, den Lebenssaft, das Harz abzapfte. Wohl gab es die rechtmäßigen Harzer, die mit Erlaubnis der Grundherren, des Waldbesitzers, unter der Obhut eines »Harzmeisters« ihr Brot verdienten. Diesen »ehrlichen« Waldgewerblern hatte die Standesherrschaft das Harzrecht (»Harzlehen«) zugestanden. Dafür mußten sie eine Abgabe in klingender Münze oder durch einen Teil der gewonnenen Ware leisten.

Der Harzer selbst mußte sich einer strengen Ordnung unterwerfen, um dem Wald keinen Schaden zuzufügen. So gestattete beispielsweise eine herrschaftliche Verordnung das Harzen nur in der Zeitspanne von »vierzehn Tagen vor bis vierzehn Tage nach St. Johanni« (24. Juni). Auch durften nur bestimmte Bäume angezapft werden, die dann meist als sogenannte »Harzfichten« immer wieder zur Ader gelassen wurden. Mit geübtem Auge suchte der Harzmeister die zum Harzen geeigneten Bäume aus und zeichnete sie an. Der Stamm mußte über dem Boden einen Durchmesser von mindestens 50 cm haben.

Mit einem »Harzreißer« (Reißmesser oder auch Reißeisen), an dem sich meist auch das »Harzbeil« befand, wurde durch die Rinde und den Bast ein etwa zwei bis drei Zentimeter breiter und um einen Meter langer Einschnitt in den Stamm »gerissen« und, wenn notwendig, mit dem Harzbeil vertieft. Am Ende dieses Risses, etwa ein Meter über dem Waldboden, befestigte alsdann der Harzer seinen »Harzkorb«. Dieses tütenförmige, nach unten sich verjüngende Gefäß war aus Holzschindeln hergestellt und mußte vor dem Gebrauch mit Asche oder Sand ausgerieben werden, damit sich das klebrige Harz nicht festsetzte.

Der durch den senkrechten Riß wundgeschlagene Baum wollte nun auf natürliche Weise die Öffnung an seinem Leibe wieder schließen und fing an zu »bluten«, sonderte das Harz ab. Der Baumsaft wurde durch die Berührung mit der Luft zu einer zähen Masse, die langsam stammabwärts in den Korb floß, Klumpen bildete oder gar erstarrte. Der Harzer kratzte dann mit seinem Reißer (Kratzeisen) oder einem Harzlöffel das angefallene Harz aus der Rille. Mitunter mußte er auch die Harzklumpen mit dem Beil losschlagen. Nun fing der Baum aufs Neue wieder an, die Wunde zu schließen, Harz zu spenden.

Verständlich, daß dieser fortgesetzte Aderlaß dem Baum nicht sonderlich gut bekam. Deshalb mußte die jährlich einmal stattfindende Harzzeit begrenzt werden. Immerhin wurde einem Baum dabei ungefähr drei Kilogramm Harz abgenommen. Dann konnte er sich wieder bis zum folgenden Jahr erholen. Eine gute »Harzfichte« ließ etwa 20 Jahre diese Prozedur über sich ergehen. Doch so mancher Waldriese »verblutete« vorher und hauchte sein Leben aus und wurde zum wertlosen Dürrständer. Natürlich trachtete man danach, den Stamm noch im Saft zu schlagen. Doch die »Harzfichten« wurden nicht gerne gekauft, die Flößer verschmähten sie sogar.

Da das Harzen für die armen Waldarbeiter einen willkommener Nebenverdienst einbrachte, drangen sie des Nachts, selbst mitten im Winter in die Waldungen und ließen die besten Bäume zur Ader. Mit Laternen oder einem besonderen Mundlicht (ähnlich einer Tabakspfeife) erhellten sie dabei gespensterhaft ihr Arbeitsfeld. Hierbei trieben sie rücksichtslos Raubbau. Deshalb mußten sie flink sein wie ein Wiesel und sehr schnell arbeiten, aber auch gleichzeitig wie ein scheues Reh aufpassen, um nicht vom Förster erwischt zu werden. Da den Harzdieben nur der Gewinn am Herzen lag, weniger das Schicksal der ausgebluteten Fichten, fügten sie den Waldungen mitunter großen Schaden zu. Verständlich, wenn ihnen die Grünröcke auf den Fersen blieben und die ertappten Frevler mit harter Strafe belegten.

Das gewonnene Rohharz oder Pickharz wurde von den Harzhändlern aufgekauft, in den Harzhütten gesammelt und für den Abtransport in die Harzsiedereien gerichtet. Verschiedentlich wurde es erwärmt und verflüssigt, um es dann in Fässer mit 200 bis 300 Litern zu füllen. Diese wurden nicht selten als »Oblast« den Flößen anvertraut und dann in die großen Harzsiedereien nach Straßburg verfrachtet, dem Haupthandelsplatz für das Harz aus dem Schwarzwald. Kleine Harzsiedereien standen z. B. auch in Wolfach oder in Löcherberg bei Oppenau.

Allerdings verarbeitete man in so mancher Harz- oder Rußhütte gleich an Ort und Stelle das anfallende Harz zu Kienruß, Metzgerharz (Brühharz), Pech und Terpentinöl, während die vornehmen Harzsiedereien durch Sieden, Kochen und Destillieren noch zusätzlich Wagenschmiere, Kolophonium, Baumharz und Schusterpech lieferten. Aus den »Harzgrieben«, einem Abfallprodukt, entstand der Ruß, der wieder zur Herstellung von Tinte, Farbe und Tusche diente. Selbst in den Seifensiedereien wurde das Harz gebraucht.

Nach dem Ersten Weltkrieg stellten die Harzer nach und nach ihre Arbeit ein, denn das Ausland lieferte billigeres Harz an. Doch zuvor hatten die großen heimischen Schriftsteller Grimmelshausen und Hansjakob bereits diesem Waldgewerbe ein literarisches Denkmal gesetzt, an das heute noch Namen wie Rußhütte, Rußdobel, Harzhütte oder Harzgrund, vielleicht gar eine zähe »Harzfichte« erinnern wollen.

Schutz gegen Wind und Wetter

Zu einem der wesentlichen Merkmale des Schwarzwaldes gehört auch das traditionelle Bauernhaus, unter dessen behäbigem, mächtigem Dach Wohnung, Stall und Scheune einträchtigt vereinigt sind. Das Baumaterial lieferte zum größten Teil die Natur. Deshalb wurde noch bis zur Jahrhundertwende in den Tälern und an den sanften Hängen das typische Walmdach mit dem langen, kräftigen Stroh der Reutfelder eingedeckt, während in den höheren Lagen und auf den Hochflächen die Holzschindeln das ganze Haus, Dach und Außenwände, gegen Wind und Wetter schützten. Aus diesem Grunde konnte der heimatliche Dichtermund noch singen: »Wo Burehiesli stehn mit Strauh, deckt mit Moos un Schindle au . . .«.

War ein solches Schwarzwaldhaus mit Schindeln verkleidet, so bestand es, außer dem steinernen Fundament, vom Boden bis zum Dachfirst ganz aus Holz, das in den umliegenden Wäldern reichlich anfiel. Neben dem Zimmermann bekam deshalb auch der Schindelmacher beim Hausbau ein gerüttelt Maß an Arbeit zugewiesen. Er wurde aber nicht nur als Dachdecker, sondern schon zuvor mit der handwerklichen Anfertigung des Deckmaterials beschäftigt.

Deshalb saß der Schindelmacher schon während der kalten, schneereichen Wintermonate in seinem wohlig-warmen Werkstättle und verwandelte die Tannenstämme in die verschiedenartigen Holzplättchen. Schauen wir einmal einem alten Meister bei seiner Arbeit zu.

Beim Ankauf des Rohmaterials legt er Wert darauf, daß ihm altes »Winterholz« geliefert wird, das zudem im »alten Mond« gefallen sein muß. Nach der Erfahrung und Weisheit der Väter werden später die Schindeln aus diesem Holz weniger reißen,

Der
Schindelmacher
bei seiner Arbeit.

79

durch die Witterungseinflüsse gespalten und nicht so schnell faulen. Dann muß der Baum im »rächte Zeiche ghaue si«, denn stirbt die stolze Tanne unter den kräftigen Axthieben im Zeichen des Steinbocks, werden die Insekten das widerstandsfähigere Holz meiden. Ein schattiger Stapelplatz hinter dem Haus hindert die Sonnenstrahlen daran, den Wert und die Brauchbarkeit des Rohstoffs durch Risse zu mindern.

Zu gegebener Zeit wird der Stamm erst in der Mitte auseinandergesägt. Jetzt erst kann mit Kennerauge festgestellt werden, ob sich das Holz zur Schindelverarbeitung eignet oder zur Bretterherstellung verwendet wird. Deshalb muß mehr Ware eingekauft werden, als aller Voraussicht nach gebraucht wird. Doch der Schindelmacher weiß schon, wo das richtige, fehlerfreie »Spaltholz« zu finden ist. »Harzmoose«, verharzte Schadstellen am Stamm, haßt er wie der Teufel, denn diese Stücke müssen als Abfall herausgesägt werden. Vor dem Absägen der Holzrollen kommt das »Ablängen«. Bei »Dachschindeln« wird der Stamm alle 50 cm, bei »Wandschindeln« alle 18 cm und bei »Ziegelunterlagsschindeln« für die »Biberschwänze« im Abstand von 30 cm angeritzt.

Die so entstandenen Holzsäulen werden in der Werkstatt mit einer breiten Stahlklinge, der »Spaltlohme«, und dem »Knipfel«, einem Holzhammer, gespalten und wie bei einem Kuchen in 8 oder 16 Stücke zerlegt. Vor der Teilung setzt der Meister die stählerne Klinge mit geübtem Auge zum ersten halbierenden »Markriß« an. Durch das »Abmaßen« der Teilstücke erhalten die verschiedenen Schindelarten ihre Breite (Dachschindeln 12 bis 15 cm, Wand- und Ziegelschindeln 6 cm). Holzstücke, die man zu Wandschindeln verarbeitet, werden zunächst mit dem »Spalter« in einzelne Holzplättchen zerlegt und dann auf dem »Gemeinderat« mit dem Schneidmesser zugeschnitzt, geglättet und an einer Schmalseite gerundet.

Der »Schneidbock« oder »Schneidesel« wird auch »Gemeinderat« genannt, weil durch einen Fußdruck ein Hebelteil dieses Gerätes in eine knappende (nickende) Bewegung umgesetzt wird, die der bissige Volksmund gerne diesen gewählten Volksvertretern andichten möchte.

Die »Ziegelunterlagsschindeln« richtet man nicht mit dem »Spalter«, sondern mit einer messerähnlichen Klinge, also auch nicht auf dem Schneidesel. Gerade die durch die Jahresringe (Holzjahre) entstandenen Rillen sorgen dafür, daß später das Wasser, das zwischen die Ziegel fließt, nicht seitlich, sondern nach unten abrinnt. Auch die Dachschindeln werden nicht mit dem »Spalter«, sondern mit der »Spaltlohme« abgespalten und wie die Wandschindeln auf dem »Gemeinderat« weiter verarbeitet.

In einem trockenen Raum lagern die Schindeln gebündelt, bis der laue Frühlingswind den Meister hinter dem warmen Stubenofen zur Außenarbeit hervorlockt. Dann gilt es neue Dächer durch eine Dreifach- oder gar Vierfachdeckung einzuschindeln, damit sie erfolgreich Regen, Schnee und Stürmen, aber auch der Kälte und der Sonnenwärme trotzen können. Wenn sie lasiert, eingeölt oder gar bestrichen wird, schützt die »Wandschindel« das Haus über Generationen vor den Unbilden der Natur.

Müssen aber die Schindeln zwischen die Ziegel gesteckt werden, dann ist unser Handwerker bereits auf die »Hartbedachung« – im Gegensatz zur »Weichbedachung« mit Stroh oder Holz – umgestiegen, eine Entwicklung, die den Schindelmacher nach und nach zur Seltenheit werden ließ, wenn er auch augenzwinkernd gesteht, daß seine Leber meist auf der Sonnenseite liegt...

»Pfingstkäs« und »Pfingsthoppe«

Eine Vielzahl unserer heimischen Bräuche können wir nur richtig verstehen und deuten, wenn wir uns in jene Jahrhunderte, ja Jahrtausende zurückversetzen, da der Mensch noch größtenteils schutzlos den ungebändigten Naturgewalten ausgeliefert war. Der Ertrag aus Feld und Flur, aus Stall und Weide entschied über das Wohl und Wehe der Familie, der Gemeinde. Oft forderten auch Krankheiten und Seuchen in noch höherem Maße als heute ihren Tribut.

Deshalb darf es uns nicht wundern, daß um die Tage des Pfingstfestes seit eh und jeh ein großes Aufatmen die Herzen über die wiedererstarkte, vollendete Natur nach den Wintermonaten und den gefahrvollen Frühlingswochen erfaßte. Der für die jungen Saaten und Blüten tödliche Frost ist entmachtet, die Eisheiligen liegen hinter uns. Alles, was Frucht angesetzt hat, kann reifen und Früchte bringen.

Vor allem in der Zeit des Übergangs vom Winter in den lebensverheißenden Frühling wurden symbolhaft Licht und Wärme, Wachstum und Fruchtbarkeit erweckt, umworben und alles Schädliche und Gefahrvolle gebannt und vertrieben, der Winterdämon verbrannt, als Toter aus dem Dorf getragen. Wir denken dabei an Fasnacht, den Funkensonntag, den Storchentag oder den Sommertag an Lätare, aber auch an die Flurprozessionen und die Bittage.

Jetzt aber, an Pfingsten, ist alles überstanden, jetzt kann der Sommer mit Freuden eingeholt werden, nachdem man sich zuvor immer wieder bemüht hat, den Winter mit all seinen bösen Gesellen zu verjagen. In Weisweil, in der Nähe des westlichen Schwarzwaldrandes, hat sich bis zum heutigen Tag ein Pfingstbrauch erhalten, der das eben aufgezeigte Gedankengut ausstrahlt und der Dorfgemeinschaft den Einzug des Sommers zeichenhaft verkündet.

Beim sogenannten »Pfingsthoppen« trifft man am Vormittag des zweiten Pfingstfeiertags den »Pfingstkäs«. Es handelt sich hierbei um ein kegelförmiges (»Pfingstkegel«), grünangestrichenes Gehäuse, das mit Efeuranken und Papierblumen geschmückt und auf seiner Spitze mit glutroten Pfingstrosen gekrönt wird. Unter diesem prächtig verzierten Gestell ver-

Der »Pfingstkäs« mit seinem Begleiter.

birgt sich ein Bub, der den Kegel trägt und gleichzeitig mit einem Glöcklein auf sein Kommen aufmerksam macht.

Dieser »Pfingstkäs« wird von einem Jungen (oder Mädchen) begleitet, der ein weißes Hemd mit einer roten Schärpe trägt und in der Hand einen Stecken mit einem Fähnchen hält. Auch wird ein Henkelkorb zum Sammeln der Gaben mitgeführt. Gemeinsam werden die Verwandten, aber auch andere bekannten Dorfbewohner aufgesucht. Vor dem Haus, am Fenster oder auf der Treppe spricht dann der Fahnenträger:

> »Horche, was ich eich will sage
> am ä so ä schene Dage,
> wo mir gehn von Haus zu Haus
> un nämme ä Ei zum Nest heraus.
> Gebt uns auch eins oder zwei
> und laßt uns nicht zu lange stehn,
> denn wir wollen wieder weiter gehn!«

Nun wird die Gruppe mit Eiern, alten Fruchtbarkeitssymbolen, denen wir bei einigen Frühlingsbräuchen begegnen, und einer Geldgabe beschenkt. Wir erinnern uns dabei, daß im Ried, wie z. B. in Altenheim, um die Fasnachtszeit von den Burschen auch Eier eingesammelt werden. Der Pfingstkäs selbst hat mit einem Käse nichts zu tun. Dieses Wort leitet sich von »Häs« (Bekleidung) ab und entspricht damit der Hütte, dem Gehäuse, unter dem sich einer der Buben aufhält, mit dem er sich bekleidet hat.

Beim Versuch einer Deutung dieses schönen, eindrucksvollen Pfingstbrauchs, der als Recht der schulpflichtigen Jugend bis zur Konfirmation vorbehalten bleibt, könnte man folgendes sagen: Der weißgekleidete Fahnenträger (Siegesbanner) stellt den siegreichen Kämpfer dar, der den Winter, den Tod bezwungen hat und nun den blumenreichen Sommer (Pfingstkäs) ins Dorf bringt. Die Schilfrohre des Kegels, die Binsen weisen auf das lebensspendende Wasser hin, das bei vielen Frühlings-, aber auch Pfingstbräuchen eine Rolle spielt.

Das kämpferische Element bei diesem Weisweiler Brauch schlägt eine Brücke zum Fußbacher »Pfingstdreck« im Kinzigtal, bei dem die Buben als Hauptmann und Soldaten (Räuber) verkleidet, durch das Tal auf die Höfe ziehen. Während nun mit dem Mittagsläuten die einzelnen Gruppen die Ortsstraßen verlassen haben, das »Pfingsthoppe« (hoppe = hüpfen, hinken) beendet ist, messen draußen auf dem Turnierplatz die Reiter ihr Können beim traditionellen Pfingstturnier, das sich an die früheren Pfingstumritte anlehnt und mit dem sogenannten »Bureränne«, ein Wettreiten der Jugend auf ungesattelten Pferden, eine besondere örtlich-dörfliche Note erhält. Der Weisweiler »Pfingstkäs« selbst setzt einen Schlußpunkt hinter die lange Reihe des einstigen Fruchtbarkeitsbrauchtums, das da um Martini anhob und mit den Pfingstfeiertagen sein Ende nahm.

Rüttibrenno – Rüttibrenno – juhu!

Wenn die letzten schweren Garben unter dem mächtigen Dach des Schwarzwaldhauses gelagert waren und das Öhmd seinen würzigen Duft durch das spätsommerliche Land sandte, brannte der Kinzigtäler Bauer seine »Rütti«, sein Reutfeld ab. Schon Wochen zuvor begann er damit, den am steilen Hang herangewachsenen »Eichbosch« abzuschlagen. Die armdicken Eichenstämmchen wurden dann geschält und die getrocknete Rinde wanderte in die Gerbereien.

Man wird nun fragen, warum die Bauern diese Art Brandrodung bis vor wenigen Jahren noch betrieben. Das jährliche Abbrennen eines Reutfeldes war für die Sicherung des täglichen Brotes einer Bauernfamilie letztlich lebensnotwendig. Die engen Täler mit ihren steilen Hängen boten wenig Ackerfeld zum Anbau von Frucht und Kartoffeln. Auch kannte man noch nicht den Kunstdünger, so daß der karge Boden nur eine magere Ernte abwarf. Dagegen ließ der ausgeruhte, durch die

Holzasche reichlich gedünkte Rüttiboden, die Ähren kräftig heranreifen. Dazu bekam der Bauer noch einige Klafter gutbezahltes Brennholz und obendrein zusätzliches Weidegebiet, denn nach drei, vier Jahren überließ man die Rütti wieder ihrem Wildwuchs. Doch nach etwa 15 Jahren zwang sie die Feuersglut erneut in die Knie.

Das Rüttibrennen war ein Geschäft, das neben der anderen Arbeit herlief. Setzte schlechtes Wetter der Feldarbeit eine Pause, so vernahm der einsame Wanderer den Schlag der Äxte aus dem leise rauschenden Blättermeer. Die stärkeren Bäume wurden zu einer »Mauer« aufgeschichtet, die gerade den Hang hinunterzog. Die grünen Äste legte man quer. Auf diese Weise entstand ein »Ju«, der durch die Holzmauer vom anderen Ju getrennt wurde, um dadurch ein Übergreifen des Feuers beim Abbrennen zu verhindern. Die brütende Juli- und Augustsonne ließ dann bald das Ästefeld dürr werden.

Versprach das Wetter für einige Tage gut zu bleiben, so lud der Bur die »Rüttibrenner« ein, die er meistens in der Nachbarschaft oder in seiner Verwandtschaft aufsuchte. An einem sonnigen, heißen Tag sah man dann die Rüttibrenner gegen zehn Uhr morgens, wie sie langsamen Schrittes den Berg hinaufstapften. Jeder der sieben oder acht Männer schleppte auf seiner Achsel eine lange, schwere Holzstange, an derem dikken Ende ein Eisenhaken befestigt war. Oben, wo die Rütti an den Wald grenzte, ruhte man zunächst ein wenig vom mühsamen Aufstieg aus. Dann wurde das Reisig ein Stückchen vom Waldrand weggezogen, um ein Überlaufen des Feuers zu verhindern. Jeder der Mannen hakte darauf seine Stange in das dürre Geäst ein, das er entzündete. Schnell schlugen die züngelnden Flammen gegen den Waldrand hoch. Doch dort stand schon ein Knecht bereit, um den Wald vor dem lechzenden Feuer zu schützen.

Langsam wurde nun mit den langen Stangen der Feuerwall bergab gezogen. Brannte die Rütti gut, schlugen die Flammen meterhoch himmelan, ertönte freudig aus dem Munde des

Die Rüttibrenner ziehen die Feuersglut den Hang hinab.

Mannes das weithin ins Tal schallende »Rüttibrenno-Rütti-
brenno – juhu!«, ein befreiender, öfters wiederholter Ausruf,
der die sengende Hitze des Feuers und die stechenden Sonnenstrahlen vergessen ließen. Langsam fraß sich die Feuersglut ins Tal hinab. Dort wartete bereits das Hofgesinde an
einem schattigen Platz auf die ermüdeten Brenner, um ihnen
labende Getränke zu reichen. Zunächst wanderte der
Schnapsbudel von Mund zu Mund, damit der Magen durch
das nachfolgende Wasser nicht »erschreckt« würde. Man ver-
mied es, den brennenden Durst mit Most zu stillen, um einen
klaren Kopf zu bewahren. Immerhin war ja erst ein Ju abgebrannt.

Nach einer Weile stieg die Schar wieder bergauf. Erneut
nagte sich die alles verzehrende Glut den Hang hinunter. Wiederum schwächten die Feuerhitze und die Sonnenstrahlen die
Kräfte der Leute. Wie kühlend empfand man da den durch das

mächtige Feuer entstandene Windzug, der selbst die Bäume am oberen Wandrand tüchtig schüttelte. Unablässig strich der Qualm den Berghang hinauf und verlor sich in den Wäldern. Nach und nach wurde ein Ju nach dem andern ein Raub der Flammen. Die rot aufgeschwollenen Gesichter der Rüttibrenner bedeckten sich mehr und mehr mit Ruß, durch den der perlende Schweiß sich seine Furchen grub. Der alte Filzhut, der schon bessere Zeiten gesehen hatte, schützte jetzt den Kopf vor den umhersprühenden Funken. War die Rütti groß, so überzog noch ein roter Schimmer den Abendhimmel.

Nachdem das letzte Ästlein verglommen war, begann der zweite, weitaus angenehmere Teil des Rüttibrennens: das Festessen! Nach der Heimkehr der müden Männer kam Leben in die Bauernstube. Eine dampfende Nudelsuppe wurde aufgetragen. Keller und Speicher mußten das Beste hergeben. Schließlich wollte sich der Bur, vor allem seine »Bieri« (Bäuerin) nicht lumpen lassen: das »Abendmahl« entfaltete sich zu einem richtigen Hochzeitsessen, das obendrauf durch den immer mehr aufkommenden Schwarzwälder Humor gewürzt wurde. Wie schnell wurde da des Tages mühevolle Arbeit vergessen! Verträumt schlug die Uhr in der Ecke die schnell verrinnenden Stunden an. Doch niemand würdigte sie eines Blikkes. Unter der Ofenbank schnurrte die Katze behaglich vor sich hin und achtete nur darauf, ob sich nicht etwas unter dem Tisch vom großen Festschmaus finden ließ.

Erst spät in der Nacht ging man auseinander. Aber es soll auch vorgekommen sein, daß so manchem wackligem Rüttibrenner die ersten Morgenstrahlen den Heimweg erleichterten. Dann wunderte sich auch niemand, wenn der beschwingte Spätheimkehrer noch ab und zu vor sich hin murmelte: »Rüt-ti-bren-no, - Rüt-ti-bren-no . . .«.

Mit der Uhrenkrätze durch Europa

Hoch droben auf dem Wald zwischen Furtwangen und St. Märgen, auf der Redeck am Glasberg, schlug zum ersten Male das Herz einer Schwarzwälder Uhr. Während der heutige Hofbesitzer noch stolz erklärt, daß das hölzerne Räderwerk dem Tüftlergeist einer seiner Vorfahren entsprungen sei, behaupten andere, ein Glasträger habe von seiner langen Fußreise um 1680 aus Böhmen ein solches Wunderwerk zum Nachbau mitgebracht. Jedenfalls entstand auf dem Wald ein neues Gewerbe, das fürderhin vielen Menschen Arbeit und Brot geben sollte.

Als der berühmte Robert Gerwig, ein Universalgenie, in Furtwangen eine Uhrenmacherschule gründete – die heutige Fachhochschule –, wurden die Täler um Breg und Gutach zum Kernland der Schwarzwälder Uhrenherstellung, die nach und nach einen guten Klang in den europäischen Landen erfahren sollte. Doch dazu trugen neben den fleißigen, einfallsreichen Uhrmachern und ihren Familien vor allem die Uhrenträger bei. Letztlich konnte ja nur ein sich steigernder Handel klingende Münzen in die sonst schwindsüchtigen Beutel der Waldbewohner bringen.

Mit ihren hochbepackten Krätzen – hölzerne Traggestelle – zogen sie in ihrer schmucken Tracht zu Fuß hinaus ins Land. Die Grenzen erwiesen sich dabei nicht als Hindernisse. So kamen sie mit ihrer kostbaren Last in viele europäische Länder. Sie klopften an die Türen der einfachen Bürger wie an die Pforten der vermögenden Patrizier. Selbst an den Höfen der Fürsten, Könige und Kaiser boten sie ihre willkommene Ware an. Nach Monaten kehrten sie mit ihren prall gefüllten Geldkatzen als Lohn für ihre Mühen in der Fremde wieder an den heimatlichen Herd zurück. Wenn dann die langen Winter mit ihrer Dunkelheit die Wäldler früh am Abend in die warme Stube trieben, erzählte der Uhrenträger beim fahlen Schein des brennenden Kienspans von seinen Abenteuern, seinen

Der Uhrenträger auf dem Weg in die Fremde.

Erlebnissen, vor allem, was er draußen in der weiten Welt gesehen und erlebt hatte.

Bestimmt trugen die Männer mit der Uhrenkrätze den guten, einladenden Ruf des Schwarzwaldes von dem Kirsch und dem Bollenhut hinaus in die fremden Lande. Als aber die Dampfrösser so nach und nach in die Täler und über die Berge vorstießen, mußte ein Uhrenträger nach dem andern sein Gestell an den Nagel hängen und eine andere Arbeit suchen, wie die Flößer, Köhler, Harzer, Glaser oder Bergleute, ein Los das sie noch mit vielen nach ihnen teilen mußten.

Hit isch Kilwi . . .

In einem einst überwiegend bäuerlich ausgerichteten Landstrich hatte das Wort Kirchweih einen guten Klang, der ihm bis zum heutigen Tage geblieben ist. Das Fest selbst hat seinen Ursprung im kirchlichen Raum und soll an den Tag erinnern, an dem das heimische Gotteshaus durch den Bischof seine Weihe erfuhr. Es ist verständlich, daß nicht alle Kirchen am gleichen Tag im Jahr die bischöfliche Weihe bekamen. Wenn wir dieser Frage etwas näher treten, so erfahren wir, daß die weltliche Feier und Ausgestaltung dieses Gedenktages außerhalb des kirchlichen Raumes im Laufe der Jahrhunderte immer mehr an Bedeutung zugenommen hat und den kirchlich-religiösen Sinn stetig zurückdrängte. Schließlich verstanden es die Schwarzwälder schon immer ausgezeichnet, die Feste zu feiern wie sie fielen.

So hatte ursprünglich jede Kirchengemeinde ihr eigenes Kirchweihfest an einem besonderen Sonntag in Jahr. Deshalb kam es nicht selten vor, daß fast an jedem Sonntag in einer anderen Gemeinde – wir wollen noch das Patrozinium dazu rechnen – Kirchweihfest war. Da aber die Lustbarkeit, gepaart mit Frohsinn und Übermut dabei sehr überhand nahmen, sah sich die kirchliche noch mehr die herrschaftliche Verwaltung gezwungen, das Kirchweihfest einheitlich für alle Pfarrgemeinden auf den dritten Sonntag im Oktober festzulegen. Doch keine Regel ohne Ausnahme! Noch heute begehen die Nordracher, Unter- und Oberharmersbacher sowie die Unterentersbacher ihre eigene »Kilwi« als besonderes Privileg. Diese Gemeinden halten sich also nicht an die allgemeine Ordnung.

Wenn aber die Kirche den dritten Oktobersonntag als Kirchweihtag einsetzte, so war sie nicht schlecht beraten, sondern knüpfte an einer tiefverwurzelten Tradition im Volke an. Um diese Zeit wurden einst die Erntedankfeste gefeiert, denn den im Kalender verankerten Festtag kennt man erst seit der Jahrhundertwende. Für das Bauernvolk aber atmet das Kirchweihfest den Hauch der alten Erntebräuche, die sich über einige Tage erstreckten, wovon der alte Spruch unserer Heimat kündet: »Hit isch Kilwi, morn (morgen) isch Kilwi bis zuem Mittwochobe, un wenn i zue mim Schätzli kumm, sag i Guete Obe!«

Viele Wochen schwerer Arbeit lagen hinter den Bauersleuten, eine Zeit, die durch keine besonderen Feste unterbrochen, gewürzt wurde. Deshalb gewann der Goethe'sche Spruch jetzt erneut Geltung: »Saure Wochen – Frohe Feste . . .«. Den Reigen dieser Entspannungen eröffnete die »Kilwi«. Jetzt fanden sich auch wieder die Burschen und Mädchen zum frohen Beieinandersein, lautet doch die Fortsetzung unseres volkstümlichen Spruches so: »Guete Obe, Schätzeli, kauf mr au ä Brezeli un dezue ä Scheppli Wii, daß i au ka lustig sii!«

Die Kinzigtäler behaupten, daß der Bauer nur dreimal im Jahr »närrisch« sei: Einmal beim Rüttibrennen, da er dabei ein Feuer entzündet, obwohl die Sonne vom Himmel brennt. Dann bei der Nußernte. Der Bauer schlägt die Nüsse vom Baum. Doch sie würden auch so zur Erde fallen. Das dritte Mal ist er aber gerade am Kirchweihfest »närrisch«, denn er glaubt, er müsse jetzt alles auf einmal essen. Noch erinnern sich die älteren Leute daran, wie karg selbst auf dem Bauernhof gegessen wurde. Nach dem Schlachten gab es noch einige Zeit Rauchfleisch, dann aber füllten »Dummis«, »Striebli« und andere Mehlspeisen sehr oft den Küchenzettel aus. Nur zum Kirchweihfest fuhr der Bauer zum Metzger und kaufte Fleisch ein. So konnte man am Samstag vor dem Fest die lange Reihe der »Bennewegele« vor der Metzgerei beobachten. »De Bur isch in de Metzg' un holt de Kilwibrote«, konnte man dann hören.

Das ganze Hofgesinde freute sich dann schon lange auf das Kilwiessen, das keinem Hochzeitsschmaus nachstehen durfte: Nudelsuppe mit Rindfleisch und Beilage, dann Braten mit Gemüse, worauf noch der »Schunken« mit »Kepflikrut« und Salat folgte. Wer dann noch nicht genug hatte, dem standen tellerweise die traditionellen »Kilwikichli« auf dem Tisch, zu denen der erste neue Most als »Kretzer« gereicht wurde.

Kilwi ohne Kilwikichli ist undenkbar. Schon Tage zuvor müht sich die Bäuerin, zum Festtag die Kichli in genügender

Do, häsch au ä Kilwikiechli.

Anzahl vorrätig zu haben d. h. in vielen Bauernhäusern sind einige Körbe voll vorhanden. Aber auch in den Gaststätten werden verschiedentlich noch heute den Gästen kostenlos Kilwikichli angeboten. Drei Tage wird das Gesinde mit einem Festessen für die vergangene schwere Erntearbeit belohnt. Besuche werden über die Kirchweihtage nicht gerne gemacht. Da man weiß, daß in jedem Hause das Beste aufgetischt wird, will man sich nicht dem Verdacht aussetzen, als wolle man »rumschmarotzen«.

Der Hütebub oder »Kiehbue« spürte neben dem guten Essen den Kirchweihtag auch. Er wurde mit den Weidetieren auf ein gutes Stück Wiese geschickt, damit die Wiederkäuer schneller satt wurden und der Bub früher »Fierobe« hatte. Voll Sehnsucht schaute er aber von seinem Weidberg hinunter ins Tal, ins Dorf. Dort ging es hoch her, denn die Ortsfeuerwehr hatte »Jahresschlußprobe«. Doch auch die Wehrmänner freuten sich schon lange auf diesen Tag, denn bei der allzeit knappen Kasse der Bauernburschen galt das von der Gemeinde gespendete Faß Freibier als ein Geschenk Gottes. Ein alter Bauer erinnert sich noch: »Ä halb Johr hä-mr uns scho uff des Bier vu de Gmeind gfraid, un ä halb Johr hätts duret, bis mr des Faß widder vergässe hän«. Also ein ganzes Jahr Freude!

Bis zur Kirchweih wollte der Bauer im allgemeinen mit der Feldarbeit fertig sein. Deshalb spornte der Bauer seine jungen Leute an: »Schaffe, daß mr an de Kilwi d' Kartoffle husse hän, sunsch goht mr keins zum Kilwitanz!« Für die Jugend, aber auch für die Älteren, war der Kirchweihtanz, der heute noch vielerorts an der Tagesordnung ist, ein besonderes Ereignis. Als Besonderheit wurde der Hammeltanz aufgeführt. Nach einem besonderen Tanzspiel bekam ein Paar einen lebendigen, ausgewachsenen Hammel. Noch in unseren Tagen können wir vereinzelt diesem traditionellen Hammeltanz begegnen. Dabei ist dieser Hammeltanz nicht einmal nur auf das Kirchweihfest beschränkt.

Als Markstein durch das volkstümliche Jahr nimmt auch heute noch das Kirchweihfest einen besonderen Platz ein und sei es nur in der Erinnerung. Noch wenige Tage und aus der Freude des goldenen Herbstes färbt sich das Grau des Totenmonats, der unsere Gedanken von den Sonnenseiten des Lebens auf die Vergänglichkeit alles Irdischen hinweist. Deshalb sollten wir die Feste des Jahres so feiern, wie sie uns von den Ahnen aufgezeigt wurden, die wohl wußten, Freude und Nachdenken, Frohsinn und Trauer im rechten Maße zu verteilen. Für sie war das Kirchweihfest, die heimische »Kilwi«, das große Fest des Herbstes!

Der geheimnisvolle Ochsenkopf

Allgemein ist bekannt, daß der Giebel des alten niedersächsischen Bauernhauses von zwei gekreuzten hölzernen Pferdeköpfen geschmückt wird. Bestimmt waren es früher einmal zwei gebleichte Pferdeschädel, die nach germanischem Glauben das Haus vor Blitz und Unwetter schützen sollten, genoß doch dieses Tier als ein der Gottheit Wodan geweihtes Geschöpf besondere Verehrung. Es wurde deshalb auch als Opfertier verwendet, mit dessen Kopf Zauberei getrieben wurde. Nachdem das Pferd im Volksglauben eine solch bevorzugte Stellung eingenommen hatte, ist es verständlich, daß das Hufeisen verschiedentlich noch heute als Glücksbringer angesehen wird. Weniger bekannt dürfte es indessen sein, daß im alemannischen Raum, vornehmlich im Schwarzwald, um ein anderes Tier ein ähnlicher Kult getrieben wurde.

Jährlich besichtigen hunderttausende Besucher das Schwarzwälder Freilichtmuseum in Gutach. Wenn sie durch das Herzstück dieser einmaligen Anlage im süddeutschen Raum, durch den Vogtsbauernhof, geführt werden, geht ein Staunen durch die Reihen der Gäste, wenn der Führer nicht nur auf die Dachkonstruktion als ein Meisterwerk der heimischen Zimmermannskunst hinweist, den hohen Holzverbrauch erwähnt, sondern auf einen mumifizierten Ochsenkopf hinweist, der am oberen Gebälk, am Firstbalken angebracht ist. Auch im Hippenseppenhof, dem typischen »Heidenhaus« des Hochschwarzwaldes, ist dieser Ochsenschädel zu sehen, ein Zeichen dafür, daß diese Sitte nicht nur im Bereich des Gutacher Bauernhauses, vielmehr über den ganzen Schwarzwald hin verbreitet war.

Doch verlassen wir jetzt einmal den Vogtsbauernhof und folgen den Wassern der vorbeifließenden Gutach, die sich bald mit der Kinzig vereinigt, bis wir nach Steinach kommen. Dort saß ich zur Winterszeit in einem Bauernhaus in der Stube, um den Besuch der einmaligen Steinacher Nikolausgruppe, die beiden »Sankti Klausen«, den dämonischen »Rupelz« und den tierähnlichen »Klausenbigger«, mitzuerleben. Denn es bietet sich heute nur noch selten eine solche Gelegenheit an, ein lebendiges Beispiel zu beobachten, wie ein alter, heidnischer Fruchtbarkeitsbrauch durch das Christentum veredelt – oder modern ausgedrückt, umfunktioniert – wurde.

Durch den Vogtsbauernhof angeregt, kam das Gespräch später auch auf den Ochsenkopf. Zur Überraschung teilte der Bauer mit, daß auch unter seinem Dach ein Ochsenkopf zu finden sei. Allerdings könne er diesen jetzt nicht zeigen, da alles mit Getreidegarben zugesetzt sei. Doch nach dem Dreschen sei er gerne bereit, diese Rarität, die als Selbstverständlichkeit seit Generationen unter dem Dach aufbewahrt werde, vorzuweisen. Noch mehr, er erzählte daß auch im letzten Haus des zur Gemeinde gehörigen Seitentales wie bei ihm im ersten Haus der Ansiedlung ein Ochsenkopf sein müsse. Bei der Nachfrage stellte sich aber heraus, daß sich die alte Großmutter zwar noch daran erinnere, wie in einer »Schiede«, in einem Korb, die Schädelknochen aufbewahrt wurden, jetzt aber wisse man nicht mehr, wo das alte »Ziegs« hingekommen sei.

Nach Wochen kehrte ich wieder in Steinach an, um nach dem Ochsenkopf zu forschen. Da die »Biehne« jetzt leer war,

 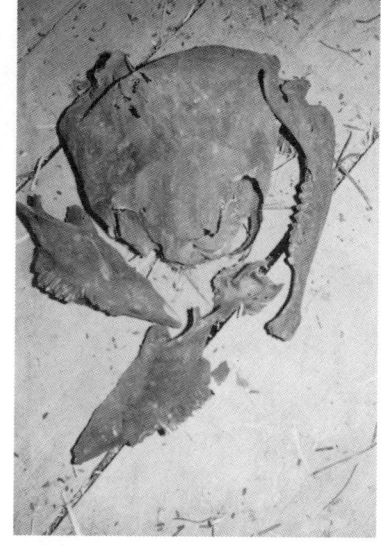

Unter dem Firstbalken hängt der
Sack mit dem Ochsenkopf.

Der mumifizierte Inhalt des Sackes.

konnten wir einen alten Sack erblicken, der an einem Balken
hing. Als wir diesen öffneten, kam kein ganzer Ochsenschädel
zum Vorschein, wohl aber einzelne Kieferpartien und die
ledrige Stirnplatte.

Die Frage, warum nun eigentlich dieser Ochsenkopf im
Hause aufbewahrt werde, konnte nicht eindeutig beantwortet
werden. Es gehöre eben zur Tradition, daß jeder Hofbauer den
Sack an seinem Platze hängen lasse. Irgendwie habe man einmal gehört, daß der Kopf Tierseuchen, Unheil vom Hofe halte.
Lassen wir uns deshalb eine Erklärung auf dem Vogtsbauernhof geben: In früheren Zeiten wurde zur Feier der Aufrich-
tung eines neuen Hauses, also beim Richtschmaus, jeweils ein
Ochse geschlachtet, der als Zugtier das notwendige Holz her-
beigeschafft hatte. Der Kopf dieses Tieres wurde dann an
die sogenannte »Tenn-Stall-Firsthochsäule« als wichtigster

Bestandteil des Gebälkes gehängt, um nach dem überlieferten Volksglauben das Haus, den Stall, vor Krankheiten, Seuchen, Blitzschlägen, Unwettern und anderen Gefahren zu bewahren.

Auch der Ochse muß einmal eine besondere Stellung eingenommen haben, wovon noch manche gebräuchliche Redewendung künden möchte. So muß man »ochsen« und »büffeln«, um etwas in der Schule zu leisten. Dann aber kann man sagen was man will, es ist, »als würde man einen Ochsen ins Horn pfetzen«. Daß »man einem dreschenden Ochsen nicht das Maul verbinden soll«, wird den Menschen bereits im fünften Buch Mose geraten. Wenn aber im Stall von Bethlehem außer einem Esel auch noch ein Ochse zugegen war, so darf man darin nicht eine Zufälligkeit erblicken, sondern muß seine Anwesenheit unter dem Gesichtspunkt der Symbolik betrachten.

Ein Blick in die Zukunft

Von jeher waren im Volke Neuanfänge, Übergänge wie beispielsweise die Schwelle vom alten zum neuen Jahr, voller Geheimnisse, aber auch angefüllt von der bangen Frage, was da kommen wird. Deshalb auch die vielen Glück- und Segenswünsche für die Zukunft, die uns bei solchen Anlässen ausgesprochen werden. Und doch reizte es den Menschen immer wieder, meist durch Zauberei, Orakeln, Wahrsagerei, kurz durch ein gerüttelt Maß an Aberglauben den dunklen Schleier vor dem Kommenden zu lichten, zu durchdringen.

Dieses Bild drängt sich uns besonders für die Zeit der längsten Jahresnächte auf, wenn sich am Morgen die Dunkelheit nur langsam verflüchtigt, um uns am frühen Nachmittag erneut gefangen zu nehmen. Vor allem konzentrieren sich die Zukunftsfragen verständlicherweise um das persönliche Schicksal und Wohlergehen. Wenn man dann weiß, daß ein

Großteil der Bevölkerung nicht nur auf den Dörfern, sondern auch als »Ackerbürger« ebenso in den Städten eng mit der Landwirtschaft und damit mit dem Geschehen in der Natur verbunden war, versteht man, wohin die Blicke der Fragenden hauptsächlich gerichtet waren: auf das zukünftige Wetter. Ja, nur eine günstige Witterung sicherte letztlich eine gute Ernte, das tägliche Brot, Gedeih oder Verderb.

Auf jahrhundertealte Erfahrung aufgebaut, prägte sich das Landvolk mehr oder weniger zutreffende Wetterregeln, Lostage, die es ein wenig in das neue Jahr blicken ließ und Auskunft über die Zeit der Saat, des Reifens und Ernte geben sollte. So erfahren wir, um einige Beispiele auszuführen: Wie der August in diesem Jahr, wird nächstes Jahr der Februar. Viele Eicheln im September, viel Schnee im März, ein reiches Kornjahr allerwärts. Trocken wird das Frühjahr sein, ist St. Lambert (18. September) klar und rein. Oktoberwetter zeigt stets an, wie's um den März wird stahn. Der Mai kommt gezogen, wie der November geflogen. Ist der November kalt und klar, ist trübe und mild der Januar. Je dicker das Eis um Weihnachten liegt, je zeitiger der Bauer das Frühjahr kriegt. Wenn um Weihnachten die Mücken schwärmen, mußt du dich an Ostern am Ofen wärmen. Wenn St. Thomas (21. Dezember) dunkel war, gibt's ein schönes neues Jahr.

Besondere Bedeutung für eine Vorausschau, vermutlich schon in vorchristlicher Zeit grundgelegt, wurde den »Zwölfernächten«, den »Heiligen Nächten« oder den »Rauhnächten« beigemessen, Es waren die zwölf Nächte, die die heiligen Weihnachtstage mit einschloß, in denen früher Stall und Hof eingeräuchert wurden, um Böses zu vertreiben. Meist umfaßten sie zwölf Nächte zwischen St. Thomas (21. Dezember) und dem Dreikönigstag. In jedem Tag sollte sich das Wetter für einen der kommenden zwölf Monate ankündigen, noch besser, die zwölf Nächte standen stellvertretend für die zukünftigen zwölf Monate da. Besonderes Gewicht wurde dem Dreikönigstag zugemessen, denn »der lost für alle!«

Die zwölf Zwiebelschalen werden ausgelegt.

Sehr anschaulich soll jedoch das »Zwiebelorakel« die einzelnen Monate im neuen Jahr charakterisieren: Aus einer großen Zwiebel werden vornehmlich am Vormittag des Heiligabends zwölf Schalen geschnitten und in diese Salz gestreut. Diesen Brauch nennt man »d' Zwieble uslege«. Je nach dem die einzelnen Zwiebelschalen Wasser gezogen haben, wird vom jeweiligen Monat Trockenheit oder Nässe erwartet. Ob gar auch Tiere in die Zukunft schauen können? Fest steht, daß man vom Verhalten bestimmter Tiere Rückschlüsse auf das Wetter zieht. Der weitverbreitete, legendäre wie sagenhafte Glaube, wonach in der Heiligen Nacht die Tiere reden könnten, fand auch in unserer Gegend einen Nährboden. Dafür möchte uns die vom Bäsli überlieferte Geschichte einen Beweis geben:

Ein Bauer wollte nicht so richtig an das Märlein glauben, wonach die Tiere in der Heiligen Nacht der menschlichen Sprache mächtig würden. Deshalb schlich er heimlich, während die anderen Hausgenossen durch den Schnee zur Christmette stapften, in den Stall hinunter. Dort lagen alle Rinder friedlich atmend auf dem weichen Stroh. Auch die beiden Ochsen »Horn« und »Bläß« dösten vor sich hin. Doch dann hörte der Neugierige plötzlich, wie der Bläß seinen Nachbarn deutlich und vernehmlich fragte: »He, du, wa schaffsch du morn? (morgen)«. Worauf dieser zurück gab: »De Bur uf de Friedhof bringe, duet de Horn!« Erschrocken und zugleich verärgert rannte der Bauer davon und rief zurück: »Wart nur, dir zeig i, wa de morge schaffsch!«

Im Speicher holte er eine Axt und wollte damit dem Horn den Schädel spalten. Als er jedoch wutentbrannt zum tödlichen Schlage ausholte, blieb die Klinge zunächst an der Decke hängen und sauste dann in den Kopf des Schlägers. Zu Tode getroffen sank dieser zusammen. Welche »Bescherung« trafen wenig später die heimkehrenden Kirchgänger an . . .!

III.

Ein Tagebuch
berichtet

Alte Ansicht von Gengenbach.

Von einem, der ausziehen mußte, um das Wandern zu erlernen

»Gengenbach! - Gengenbach!«

Verzweifelt versucht der Zugschaffner mit seiner lauten Stimme gegen eine mit Regen vermischte Sturmböe anzukommen, die gerade über das Bahnhofsgelände von Gengenbach braust, um den Reisenden des eben eingelaufenen Eilzuges die Station zu verkünden. Nur eine Handvoll Leute entsteigen dem Zuge. Schnell eilen sie unter das schützende Dach des Bahnsteigs, den erneut einsetzenden Regenguß abzuwarten, der erbarmungslos aus den tief herabhängenden Wolkenschwaden niederpeitscht. Vom Bahnhofsgebäude winkt eine junge Dame herüber. Zwei der Reisenden erwidern

104

den Gruß. Aha, die werden erwartet und abgeholt, denn wenig später fahren sie in einem dem Regen trotzenden Auto davon, als der abklingende Schauer den Sprung zum Bahnhof ermöglicht. Da der Sturm gerade etwas nachgelassen hat, können auch die Schwestern, die zu Exerzitien nach Gengenbach gefahren sind, unter ihren Regenschirmen das nahegelegene Mutterhaus der Franziskanerinnen erreichen.

Nur einer der Fahrgäste bleibt zurück und schlendert gelangweilt im breiten Gang auf und ab und betrachtet mißmutig die Reklametafeln. Ab und zu lenkt er die Schritte zum Fenster oder zur Tür und blickt dann forschend gegen den Himmel. Immer dasselbe Bild: Regen und nochmals Regen! Verschiedentlich kehrt der Wartende zum Fahrplan zurück, um dort die Abfahrtszeiten der Züge zu studieren. Zwischendurch wirft er verdrossen seinen vollgepackten Rucksack vom Rücken auf die Bank. »Hundewetter, elendes!« knurrt er halblaut vor sich hin und betrachtet nachdenklich seine funkelnagelneue Wanderkluft, die so gar nicht zu seinem jugendlichen Gesicht passen will, in dem sich Niedergeschlagenheit, verborgener Zorn und Enttäuschung widerspiegeln. Da kommt gerade der Bahnhofsvorsteher daher: »Na, junger Mann, kein Wetter zum Wandern«. »Das kann man schon sagen! Die ganze Zeit Sonnenschein, und ausgerechnet, wenn man einmal . . .«. – »Nur keine Sorge, keine Aufregung«, fällt ihm gleich der Eisenbahner ins Wort, »auf Regen folgt Sonnenschein, und wenn er nicht gleich kommt, die Gengenbacher haben ihn eingefangen! Ein gutes Viertele vom vorderen Kinzigtal . . .«

Ein wenig später finden wir den verzagten Wanderfreund am runden Stammtisch in einer der gastfreundlichen Wirtschaften vor einem Gläschen Wein, das anfänglich nicht so munden will. Ihm gegenüber sitzt ein alter, behäbiger Gengenbacher Bürger, dem man seine mehr als siebzig Lenze nicht ansieht, wohl aber die Weisheit des Alters. »Sehen sie«, setzt unser Freund das langsam in Gang geratene Gespräch fort, »hätte ich mein Auto dabei, keine zwanzig Pferde würden mich hier in diesem Kaff halten!« – »Was sagen sie da? Kaff? Kennen sie eigentlich unser Städtle, unser Gengenbach?« unterbricht der Tischnachbar schnell, um die Unmutslawine zu bremsen und seinen angekratzten Bürgerstolz wieder ins rechte Licht zu setzen. »Erst sehen, erleben und dann urteilen! Das ist eine alte und gute Lebensregel, die meist nur zu einer Beurteilung, weniger zu einer Verurteilung führt«. Während das erste Viertele noch im Ärger über den verregneten Tag etwas hastig getrunken wurde, löste das zweite die Zunge.

»He Nachbar«, fing Karl, unser Wandersmann, wieder an, »wenn ich nicht an den Zug gebunden wäre, der erst in zwei Stunden fährt, säße ich nicht hier. Ich hätte ja einen guten Grund, diese ungemütliche Wanderung erst gar nicht zu beginnen«. – »Wieso?« wollte der alte Herr wissen. »Schon einige Jahre«, fuhr Karl jetzt mitteilungsfreudiger fort, »verbringe ich mit meiner zukünftigen Frau die Ferien im Ausland. Rom, Florenz, Granada, Paris, Bordeaux, Wien, Jugoslawien und Griechenland kennen wir schon wie unsere Westentasche. Vor einigen Monaten kaufte ich mit einem kräftigen Zuschuß meiner Braut ein neues Auto, ich sag' ihnen, Klasse! Nun schlug ich vor, dieses Jahr den gemeinsamen Urlaub auf einer Nordlandfahrt zu verbringen, denn wir wollen bald heiraten und dann hört die Rumreiserei für einige Jahre auf: Kinder, Anschaffungen . . . na, sie wissen ja Bescheid. Meine Evmarie ist ein prächtiger Kerl, aber diesmal setzte sie ihren Kopf durch, diesmal sagte sie: ›Aus mit den Autofahrten, jetzt wird gewandert!‹ Stellen sie sich vor, ich und wandern! Das ist was für alte Leute, der Jugend gehört die Welt! Wenn ich einmal alt und bucklig bin, dann ist noch Zeit genug, um die Wege und Wälder vor der Haustüre abzuklopfen . . .«

»Sind sie schon einmal durch unseren Schwarzwald, durch das Kinzigtal gewandert?« fragte zwischendurch der ergraute Gengenbacher, wobei seine prüfenden, durchdringenden Augen schier bis in die Seele des anderen leuchteten, der sich plötzlich, fast etwas betroffen an die wohlgemeinte Mahnung erinnerte: Erst sehen, erleben, dann urteilen. Es klang wie eine Entschuldigung, als Karl weitererzählte:»Ja, meine Braut ist eine begeisterte Wanderin. Wahrscheinlich wollte sie mich noch bekehren, bevor wir in den Hafen der Ehe einsegeln. Aber ich glaube, damit wird es nichts, der Wolf wird nicht zum Schaf! Nun kurz und gut, unser Leben besteht aus vielen Zugeständnissen. Deshalb gab ich nach, dieses Jahr gemeinsam zu wandern«. – »Dazu gehören aber zwei! – Wo ist denn Ihre – na, Ihre Evmarie?« – »Ach so, ja ja, selten kommt ein Unglück allein. Nach langem Hin und Her ist es uns gelungen, den Urlaub auf eine gemeinsame Zeit zu legen, da erkrankte plötzlich, aber buchstäblich in letzter Minute, die Kollegin meiner Braut. Aus der Traum – Evmarie mußte zu Hause bleiben und schickte mich allein auf den Weg. Bestimmt dachte sie, wer weiß, ob ich ihn ein zweites Mal rumkriege. So sitz ich nun hier und soll noch dazu alleine den Weg finden und nicht zu vergessen: Regentropfen, die an mein Fenster klopfen . . . Und noch eins, Herr Nachbar, meine Evmarie hat das ganz schlau eingefädelt. Ich muß von jedem Tag einen schriftlichen Bericht abfassen und sofort abschicken, in dem ich über Land, Leute und Geschichte - eben was so um den Weg herumliegt, erzählen soll. Sie sehen, mein Täubchen traut mir schon jetzt nicht. Meinen Sie, in zwei, drei Tagen schaffe ich die Strecke bis Triberg? Ich habe zwar noch länger Urlaub, aber nach diesem ›Opfergang‹ will ich so schnell wie möglich wieder heim und dann ans Steuer . . . wie heißt es doch so schön: schlecht gefahren ist besser als gut gelaufen!«

Bestimmt war es nicht nur der edle Tropfen, der die beiden Gäste am Stammtisch einander näherbrachte, denn unter dem Rock des Gengenbachers schlug ein gütiges, auch für die Jugend verständnisvolles Herz. Zudem war er ein Mann, der mit Leib und Seele am Wanderstock hing, der ihm zeitlebens treuer Begleiter war. Deshalb fiel es ihm nicht schwer, den jungen Freund behutsam von der Rückkehr zum Bahnhof zurückzuhalten. »Bleiben Sie noch etwas hier, essen Sie kräftig zu Mittag, und im Vertrauen gesagt, dazu paßt am besten der Bermersheimer Rote«. Dann wurde der Alte etwas ironisch: »Und heute nachmittag schauen Sie einmal unser »Kaff« an. Am Abend komme ich wieder, und wenn der Haussegen bei mir daheim nicht schief hängt, begleite ich Sie morgen ein Stück, denn der Großvater hat in seinem Leben schon genug gearbeitet. Ich habe Zeit, mein Junger hat seit einigen Jahren das Geschäft. Abgemacht?« Bevor die verwelkte, schwielige Hand des Gengenbachers die zarte und schmale des Fremden kräftig zum Abschied, aber auch gleichzeitig zur Besiegelung des Vorhabens drückte, hatte er beim Wirt hinter der Theke das Gengenbacher Heimatbuch hervorgeholt und es auf den Tisch des Gastes gelegt. Als Karl wenig später einmal vor die Türe trat, konnte er feststellen, daß sich nicht nur sein Gemüt, sondern auch der Himmel etwas aufgeheitert hatte, ein Fundament, auf dem man bauen konnte!

*

Karls Tagebuch

Erster Tag

Kleinod des Kinzigtales

Es wäre ein großer Fehler, eine Stadt nach einem flüchtigen Blick in die Umgebung des Bahnhofs zu beurteilen. Ich war jedenfalls überrascht, ein solch herrliches und im Kern fast mittelalterlich erhaltenes Städtchen vorzufinden. Was mich aber noch mehr erstaunte, aber auch hoch erfreute, ist die Tatsache, daß hier planvoll an der Erhaltung, der Pflege und der Wiederbelebung des historischen Stadtkerns gearbeitet wird, eine Aufgabe, die bereits ihre schönsten Früchte gezeitigt hat, wenn auch noch manche Knospe altdeutscher Baukunst auf seine Entfaltung wartet. Man frägt sich vergebens, wem man

Die alte Wallfahrtskirche auf dem Gengenbacher Bergle.

das größere Lob zollen soll, den verständnisvollen Bürgern, der zielstrebigen Stadtverwaltung mit ihrem Bürgermeister oder der beratenden, helfenden Denkmalspflege. Gengenbach ist nicht nur eine Perle des Kinzigtales, es ist ein lebendiges Museum, das seine Besucher liebevoll umfängt und ein anschauliches Lehrbuch moderner Denkmalspflege.

Zunächst durcheilte ich nur flüchtig die Straßen, Plätze und Gassen. Man riet mir, ich solle zuerst auf das »Bergle« hinaufsteigen, um von dort den Blick über das alte und neue Gengenbach zu genießen. Ja, auch das neue Gengenbach hat Sehenswürdigkeiten, denn es wäre falsch, aus lauter Sorge um das Alte die Gegenwart und die Zukunft zu vergessen. Diesen Fehler begehen die Gengenbacher nicht! Neue Industrien, moderne Wohnsiedlungen und gepflegte Anlagen bezeugen dies. Hier vom Bergle schaut man nicht nur ins Städtchen hinunter und weit über das Tal und den herrlichen Kranz der Berge, an deren Hängen die Ortschaften, die einst zum »größeren Gengenbach« gehörten, friedlich eingebettet liegen, sondern auch in die greifbare Geschichte Gengenbachs, die hier oben ihre erzählenden Spuren hinterließ.

Funde aus der kelto-romanischen Zeit weisen auf eine Wehranlage zur Überwachung der Römerstraße, die im ersten christlichen Jahrhundert von Straßburg durch das damals unwirtliche Kinzigtal nach Rottweil geführt wurde. Die gefundene Jupitersäule will noch von einer römischen Kultstätte berichten. Beides aber, der Ausblick und die Verehrung überirdischer Mächte fanden in späteren Jahrhunderten ihre Fortsetzung: Die Christen erbauten zu Ehren des Apostels Jakobus eine Kapelle, in der dann die hl. Einbet um Hilfe und Beistand angerufen wurde. Zur Zeit der mächtigen Kinzigflößerei stand auf dem Bergle ein Späher, der die flußabwärts gleitenden Flöße im Städtle anmeldete, auf daß der Stadtsäckel um neue Zolleinnahmen bereichert werde. Drunten an der Kinzigbrücke erinnert noch die »Flößerkapelle« an die einstige Herrlichkeit der Kinzigflößer. Schon beim Abstieg über den malerisch am Hang zwischen Rebbergen gelegenen Abtshof wurde ich an die Klostergründung des hl. Pirmin erinnert, jenes bedeutenden Wanderbischofs, dessen Weg zahlreiche bedeutende Klöster am Oberrhein und Bodensee säumen.

In den Jahren 724/27 wuchsen die Mauern des Klosters zu Ehren der Jungfrau Maria am rechten Ufer der Kinzig empor. Welche Bedeutung diese Abtei erlangte, erkennen wir an der Erhebung zum reichsunmittelbaren Reichsstift. In der jetzigen Klosterkirche (Stadtkirche) und dem Abteigebäude entdecken wir die Meisterhände des Vorarlbergers Franz Beer. Jahrhundertelang war das Gengenbacher Kloster religiöser und auch herrschaftlicher Mittelpunkt des unteren Kinzigtales, und der Krummstab regierte auch im Nordrach- und Harmersbachtal. Wenn der Reichsabt dann sechsspännig durch das Land fuhr, seine »Dinghöfe« besuchte und überall nach dem Rechten sah, mag oft in seiner Begleitung auch der Oberschaffner Magnus Scheffel, der Großvater des Dichters Viktor von Scheffel, gewesen sein. Als das Kloster aber 1803 säkularisiert wurde, hatte es seine Glanz- und Blütezeit längst überlebt. Im Schatten der frühen Abtei entwickelte sich einst in die bäuerliche Raumschaft die Stadt Gengenbach, die um 1230 die Stadtrechte erlangte und später zur freien Reichsstadt erhoben wurde.

Als ich so über den einmaligen Marktplatz schritt und meine trunkenen Blicke über die ihn umgebenden Fassaden gleiten ließ, glaubte ich, der Glanz der einstigen Reichsunmittelbarkeit sei dem Städtchen verblieben. Wenn auf diesem Platz die Gengenbacher Bürgergarde zu Fuß und hoch zu Roß, gefolgt von der Trachtengruppe, aufmarschiert, gar noch in Anwesenheit der vielen Trachtenleute aus den einstigen Landstäben, dann ist es, als müßte auf der prächtigen Rathaustreppe der Reichsschultheiß mit den Ratsherren erscheinen, um dem Volke zwischen den Adlersteinen Recht zu sprechen. Reichtum und Bürgerstolz kündet das Rathaus des Vorarlbergers Baumeister Victor Kretz, das Kaufhaus, die Kanzlei, das Löwenbergsche Haus und die Frontseiten der Patrizier- und Bürgerhäuser. Zahlreiche Tore und Türme und Teile der erhaltenen Stadtmauer berichten von der Wehrhaftigkeit der Gengenbacher. Wahrhaftig, in Abänderung der Bibelworte darf man getrost ausrufen: »Du Gengenbach im Kinzigtale, bist keineswegs eine der geringsten unter den einstigen freien Reichsstädten . . .«.

Lange betrachtete ich sinnend das gleichmäßige Geplätscher des Marktbrunnens mit seiner bekannten Brunnenfigur, in der die einen einen majestätischen Reichsschultheißen sehen wollen, andere gar Seine Majestät Kaiser Maximilian I, der dieser Stadt seine Reverenz erwies. War die Stadt jahrhundertelang – wenn auch selbständig – eng mit dem Leben der Abtei verbunden, so mußte sie zuletzt auch deren Schicksal teilen: 1803 verlor sie die Reichsunmittelbarkeit. Gengenbach spielt aber nicht Theater, das nur seine Kulissen prächtig aufputzt. Auch die Gäßchen und stillen Winkel fügen sich in das Gesamtbild der Stadt. In der Engelgasse mit seinen Fachwerkhäusern könnte man glauben, die Zeitenuhr sei stehengeblieben. Verschiedene Malereien und Darstellungen an den Häusern beleben die Seiten der Stadtgeschichte.

Fast hätte ich die Friedhofskirche in meinem Besuchsprogramm vergessen, und doch war sie als »Leutkirche« über Jahrhunderte Pfarrkirche der Stadt und der dazugehörigen Landgemeinden Bermersbach, Schwaibach, Reichenbach und Ohlsbach. Das Patronat des fränkischen Nationalheiligen St. Martin läßt auf ein sehr hohes Alter schließen.

Liebe Evmarie, wollte ich Gengenbach in Worte fassen – ein vergebliches Mühen – ich müßte ein Buch schreiben. Begnüge dich mit dem, was ich in groben Zügen zu Blatt bringe, als Beweis, daß ich deinen Wunsch erfülle, tiefer in die Umgebung meines Wanderweges einzudringen. Noch habe ich das herbe Brot des Wanderns nicht versucht, aber um deinetwillen werde ich morgen in diesen sauren Apfel beißen. Aber höchstens drei Tage, dann hängt der Hut wieder am Nagel! Ehrlich gesagt, ich wollte schon heute morgen aufgeben, aber ein »Schutzengel« schnitt mir den Rückzug ab.

Obwohl die einstigen Gengenbacher Landstäbe lange selbständige Gemeinden sind oder waren, so fühlen sie sich doch noch ihrer einstigen Mutter eng verbunden. Nicht nur, daß einige zum großen Kirchspiel gehören, vielmehr einigt sie das funkelnde Band des Weines, das sich am Abend immer fester um mich schlang. In der Winzergenossenschaft »Vorderes Kinzigtal« haben sich die umliegenden Reborte mit dem Sitz

Die Gengenbacher Leutkirche im besonderen Blickwinkel.

in Gengenbach zusammengeschlossen. Ich kann dir sagen, das sind köstliche Tröpfchen! Fast wäre ich vor Bacchus in die Knie gesunken. Bis spät in die Nacht hinein hatte ich die Freude, am Stammtisch alter Gengenbacher Bürger zu sitzen, die hier ihr Viertele zu sich nahmen. Der edle Rebensaft muß sie alle gut über die Jahrzehnte gebracht haben. Sie alle strahlten eine Gemütlichkeit aus, die uns Großstädtern unbekannt ist. Wie haben wir doch gelacht, und mit welcher Hingabe sangen die alten Herren ihre Lieder! Viel erfuhr ich aus ihrem Munde, wie es »als frieher gsi isch im Städtli un drumrum«.

Zu meinem Erstaunen vernahm ich, daß in Gengenbach der Komponist des weltbekannten Liedes »O Schwarzwald, o Heimat« geboren wurde. Es muß schon sehr spät gewesen sein, als mich mein alter Freund mit den Worten: »Auf, junger Mann, morgen fängt das Wandern an«, aus der geselligen Runde führte. Es war gut so, sonst wäre dem morgentlichen Regen der nächtliche »Niederschlag« gefolgt. Der Wein hatte es in sich . . .!

Der einmal sehr bekannte Komponist Carl Isenmann. Aus seiner Feder floß die Melodie zur »Schwarzwaldhymne«.

114

Aller Anfang ist schwer

»Wer recht in Freuden wandern will, der geh' der Sonn' entgegen – er muß auch früh aufstehen«! Mit diesen Worten rüttelte mich der gute alte Gengenbacher – ich nenne ihn einfach »Opa« – aus dem Schlafe des Gerechten. Urlaub und früh aufstehen! Siehst du, mit dem Auto ist das gar kein Problem. Etwas mehr auf den Gashebel gedrückt und das Nickerchen am Morgen ist ausgewetzt. Alles ist so schön: das Wetter, die gute Luft, der Vogelgesang. Nur eines paßt dazu auch gar nicht: mein äußerst mißliebiges Gesicht! Es wird noch länger, als der Opa nicht im Tale bleibt, sondern über Einach-Dantersbach hinauf zum Gebirgskamm strebt. Ich wollte den nächstmöglichen Weg entlang der Kinzig nehmen, um mit Gottes und der Nächsten Hilfe doch etwa bis Hausach vorzustoßen. Den Tag darauf würde ich bestimmt Triberg erreichen. Doch mein Begleiter meinte, ich müsse mich zuerst einlaufen – ähnlich wie ein Auto auch eingefahren werden muß.

Der Alte hat Humor! Während er mir immer wieder die Gegend erklärte, schaute ich sehnsüchtig auf die stark befahrene B33 und hatte nur einen Wunsch: Ach könnte ich doch in solch einem Auto sitzen und . . . Von einem herrlichen Ausblick schweift unser Auge über die Dächer und Türme von Gengenbach bis vor zur Burg Ortenberg, die über dem Eingang zum Kinzigtal thront. Dann wird mir erklärt, daß man drüben in Berghaupten bis in die zwanziger Jahre Kohlen aus dem Schoße der Erde förderte. An den Hängen von Bermersbach und Strohbach gedeiht noch ein ausgezeichneter Wein. Früher soll die Rebe bis tief in das Tal, bis nach Hornberg und Wolfach vorgedrungen sein. Allerdings, von der Güte jener Weine will heute niemand mehr etwas wissen.

Während der Opa wie ein junger Gott zur Höhe stürmt, hängt mir regelrecht die Zunge heraus, als wir oben »Auf dem

Schänzle« ankommen, obwohl der stramme Bergsteiger gütlich auf mich Rücksicht nahm. Auf diesem Höhenpfad, dem »Wenkweg«, der sich auf dem Bergkamm zwischen Kinzig- und Nordrachtal hinzieht, trifft man immer wieder auf Reste ehemaliger Schanzen, die hier oben errichtet wurden, um den vom Rheintal einfallenden Feind aufzuhalten und ihm den Zugang ins Nordrachtal zu verwehren, damit er den Verteidigern nicht in den Rücken fallen könne. Bei Bergach wurde auch das Tal der Kinzig durch mächtige Verschanzungen abgeriegelt. Zahlreiche Namen wie »Paulischänzle«, »Schanze«, »Auf der Schanze« künden davon. Die nächste größere Verteidigungslinie im Kinzigtal wurde vor den Toren Hausachs aufgeworfen. Etwa beim »Roßgrabeneck« wurde auf freiem Feld der Mittagstisch aufgeschlagen. O wie wäre jetzt ein Fläschchen Bier gut gewesen! Doch mein Wanderfreund vertröstet mich mit heißem Tee, Äpfeln und einem würzigen Obstwasser. Ich gestehe, das feinste Cordon bleu im besten Hotel an der Riviera hätte mir nicht besser geschmeckt als das Vesper aus dem Rucksack! Es stimmt, wandern in frischer Luft gibt Appetit. Auch ist es mir, als hätte ich beim mühseligen Aufstieg einige Zentner Büro- und Großstadtstaub aus meiner Lunge rausgeschafft. Im hinteren Nordrachtal haben übrigens die Äbte von Gengenbach eine Glashütte unterhalten, um die riesigen Waldungen um die Moos zu nützen. Später kam dann noch eine Kobalt- und Blaufarbenfabrik dazu. Jenseits des Nordrachtals auf der Höhe grüßt der Mühlstein zu uns herüber. Nun, du gabst mir ja einmal diese ergreifende Geschichte des Schwarzwälder Volksschriftstellers Heinrich Hansjakob (»Der Vogt auf Mühlstein«) zum Lesen. Der Opa meinte, daß der Wanderer im Kinzigtal auf Schritt und Tritt den Spuren Hansjakobs begegne. Stell dir vor, nach dem Vesper genehmigten wir uns sogar ein stärkendes Mittagsschläfchen! Erinnerst du dich, wie wir auf unseren Auslandsreisen kaum den Löffel weggelegt hatten, und schon waren wir wieder auf Achse?

Auf der anderen Seite des Kinzigtales ragt der Rauhkasten empor, der einst von der Burg Alt-Geroldseck gekrönt war. Später zogen dann die Herren von Geroldseck auf den anderen Porphyrkegel, von dem jetzt noch die mächtige Ruine Hohengeroldseck herab als einstiger Stammsitz des einflußreichen Geschlechtes der Geroldsecker grüßt. Bevor wir ins Tal niederstiegen, schauten wir hinunter nach Biberach mit seinem himmelaufstrebenden neuen Turm der Blasiuskirche. Wir warfen auch noch einen Blick in das reichgesegnete Harmersbachtal, in dem die Obst-, vor allem die Kirschbäume weit bergan steigen. Hier wird ein gutes »Chriesiwässerle«, aber auch noch anderer Schnaps gebrannt. Wie traut und friedlich lag doch das Städtchen Zell zu unseren Füßen! Verträumt ragen der Kirchturm, der lange Turm oder der Storchenturm aus dem Häusergewirr auf. Zell soll vom Kloster Gengenbach aus gegründet worden sein. Als Marktflecken des Harmersbachtales erlangte es die Reichsfreiheit, der sich auch die Bewohner der umliegenden Landstäbe zu beugen hatten. Den Harmersbachern gelang es, die Macht der Zeller zu überwinden, um als selbständiges Reichstal mit einem Reichsvogt und einem Zwölferrat an der Spitze über ihr eigenes Schicksal zu bestimmen. Die Nordracher brachten das nicht fertig und wurden bis zum Jahre 1803 von Zell, der kleinsten Reichsstadt, regiert. Ein anschauliches Bild von den Verhältnissen im Reichsstädtchen Zell und im Reichstal Harmersbach vermittelt Hansjakobs Schrift »Der letzte Reichsvogt«. Talaufwärts steht die weithin bekannte Wallfahrtskirche »Maria zu den Ketten«, bei den Einheimischen kurz »d'Kapell« genannt. Ein Gengenbacher Abt ließ das Gotteshaus 1480 errichten. Die Legende will wissen, daß ein Schmiedegeselle von den Türken gefangengenommen wurde. und jegliche Hoffnung verloren hatte, je seine Heimat wieder zu sehen. Doch seine inständigen Gebete zur Zeller Gottesmutter wurden erhöht. Wie durch ein Wunder entkam er der Gefangenschaft und brachte die eisernen Fesseln mit. Diese wurden zur Erinnerung in der

Kirche aufbewahrt. Seitdem ist aber Maria zu den Ketten ein beliebter Wallfahrtsort des Kinzigtales. Als im Schwedenkrieg ein Obrist den Befehl gab, aus den Ketten Hufeisen zu schmieden, um den Wunderglauben zu verspotten, verschwanden die Eisen plötzlich vor den Augen des Schweden. Gleich darauf hingen sie wieder am alten Platz bei der Gnadenstätte.

Auch die »Schwedenkanonen« am langen Turm wollen an den Dreißigjährigen Krieg erinnern, als die Schweden mordend und brennend bis an die Mauern von Zell drangen, um es zu belagern. Der Volksmund erzählt, daß es den wackeren Zellern durch eine List gelang, die übermächtigen Schweden in eine panikartige Flucht zu treiben, so daß sie sogar ihre Kanonen stehen lassen mußten. Daß Zell schon früher vielen »Fabriklern« Arbeit gab, davon künden noch heute die weithin bekannten Zeller Keramikwerke und die einstige Papierfabrik.

Noch vor dem Abendbrot verabschiedete sich mein väterlicher Freund. Anerkennend legte er mir seine Hand auf die Schulter und meinte, ich hätte mich für den ersten Tag tapfer geschlagen. Wahrscheinlich sah er aber etwas tiefer in mich hinein, so daß er merkte, daß mir das Wanderbrot noch nicht so recht schmeckte. Natürlich bin ich treu und brav marschiert. Schließlich kann ich mich doch von einem alten Mann nicht abhängen lassen! Jedenfalls will er morgen nochmals kommen und mit mir den Tag verbringen. Er traut mir noch nicht. Es scheint, als wolle er mich mit sanfter Gewalt auf den Wanderpfad bringen. Der Opa hätte gut in die Heilsarmee gepaßt, dann könnte er singen: »Schon wieder eine Seele vom Autofahr'n gerettetet . . .«. So etwas komisch kommt mir ja die Sache schon vor! Stell' dir doch vor, der opfert für mich wildfremden Menschen seine Zeit. Er nimmt sich meiner an wie ein Vater. Mal schauen, ob er nochmals von seiner Zimmerlinde Urlaub bekommt und mit mir den ganzen Tag tippelt!

In meinem – übrigens vortrefflichen – Quartier wurde ich auf eine Persönlichkeit aufmerksam, von der ich bisher nichts

Der wehrhafte Zeller Storchenturm.

wußte. Hast du schon einmal etwas von einem Franz Josef Ritter von Buß gehört? – Nein? – Du mußt eben auch wandern wie ich! Goethe sagte ja schon: »Was ich nicht erlernet, das habe ich mir erwandert«. Und deine Weisheit: »Wandern bildet, weitet den Horizont«. Also, dieser Franz Josef Buß wurde in Zell als Sohn eines armen Schneiders geboren. Nach harten Jugendjahren sehen wir ihn schon bald als Professor für

Staatswissenschaft an der Universität Freiburg und als Abgeordneter im Badischen Landtag, wo er die erste sozialpolitische Rede vortrug, die je in einem deutschen Parlament gehalten wurde. Noch vor Karl Marx machte er durch seine »Fabrikrede« die Geister jener Zeit auf seine moderne Ideen aufmerksam, die freilich den Anschauungen seiner Umwelt weit vorauseilten.

In Zell wird aber auch noch das Andenken an die große Dichterliebe Joseph Viktor von Scheffels, der hier geborenen Emma Heim, wachgehalten. Die kaum entflammte Liebe Scheffels zu seiner hübschen Kusine mußte mit einem Verzicht enden. Wenn ich nun unser mißliches Geschick betrachte, daß ich dich alleine zu Hause lassen mußte – ich wäre doch bestimmt lieber mit dir durch die Waldeinsamkeit geschritten, als mit dem guten Opa, dessen Gedanken nicht mehr um Lenz und Liebe kreisen –, ja dann, dann fühle ich

Das war das Geburtshaus der Emma Heim in Zell a. H.

120

mich Scheffel verbunden, der sein Herzeleid über den Verlust der Emma in die heute noch geflügelten Worte kleidete: »Behüt dich Gott, es wär so schön gewesen, behüt dich Gott, es hat nicht sollen sein!«

Dritter Tag

In der Schule der Natur

Gestern abend war ich bestimmt einer der ersten in Zell, der wie ein Sack in die Federn fiel. Aber es war keine Erschöpfung, sondern nur eine gesunde Müdigkeit, die mir dann auch einen guten Schlaf sicherte, so daß der treuherzige Opa, der trotz meiner Zweifel wieder erschien, einen ausgeruhten, erwartungsvollen Menschen in Empfang nehmen konnte. Schon der Anblick meines alten Wanderfreundes ließ den Gedanken nicht aufkommen, im Tale zu bleiben, um schneller die Kilometer »abzureißen«. Nun, ich machte dafür die Bekanntschaft mit dem wohl ältesten Naturlehrpfad des Schwarzwaldes, der Zell mit dem König der Kinzigtäler Berge, dem Brandenkopf, verbindet. Schon im Jahre 1932 wurde die Idee des Zeller Forstrats Oswald Fuchs und des Zeller Schwarzwaldvereins Wirklichkeit. 50 beschriftete Tafeln wurden angebracht. Zum 50jährigen Jubiläum des Zeller Schwarzwaldvereins 1953 wurde der stark mitgenommene Naturlehrpfad erneuert und auf 62 Hinweistafeln erweitert.

Ich muß schon gestehen, daß ich herzlich wenig vom Wald, seiner Bedeutung und seinen Vorteilen wußte. Man hat zwar dies und jenes in der Schule gelernt, aber ebenso schnell wieder vergessen. Entfernen wir uns nicht immer mehr von der Natur und damit von unserem Lebensbrunnen? Täuschen wir uns nicht, die Natur kann ohne Menschen leben, aber umgekehrt? Über diese Erkenntnis hilft uns kein Wolkenkratzer, kein Fernsehapparat und kein Weltraumschiff. Beim Wandern auf diesem Pfad kamen mir die Worte eines Franzosen wie eine Erleuchtung in den Sinn: »Die Natur retten, heißt den Menschen retten!« Wachen wir erst auf, wenn es wieder einmal zu spät ist? Was lehrte mich dieser Weg über die Baumarten, deren Krankheiten, die vielfältige Bodenflora! Aber auch die Seiten über die Geologie, Bodenkunde und Heimatgeschichte wurden in diesem Lehrbuch der Natur aufgeschlagen. Zudem wird der aufmerksame Wanderer auch über die Probleme des Forst- und Naturschutzes, wie auch über forstwirtschaftliche Maßnahmen aufgeklärt.

Von einer Lichtung aus konnte ich die im Tale bei Zell liegende Burg Gröbern erblicken, die trotzig ihren Wohnturm neben dem Wirtschaftsgebäude in die Höhe reckt. Ohne meinen Begleiter hätte ich nicht erfahren, daß in den »Buchen« für viele Jahre die Heimat des guten Knechtes, des »hoorigen Lenzes« gewesen ist, dem Hansjakob in seiner Erzählung »Der Lorenz in den Buchen« ein unvergängliches Denkmal setzte. Für die rund neun Kilometer, bei einem Höhenunterschied von 700 m, brauchten wir nahezu vier Stunden. Dann hatten wir den Brandenkopf erreicht. In der dortigen Gaststätte genehmigten wir uns die wohlverdiente Flasche Bier und ein Gläschen »Weihwasser«.

Ein unvergleichlich schöner Ausblick erwartete uns auf dem 32 m hohen Sandsteinturm. Berauscht gleitet das Auge von der Hornisgrinde über den Schwarzwald, entlang an den Bergkämmen der Vogesen, über die Gipfel der Bergrücken des südlichen Schwarzwaldes bis zu den steil aus dem Neckartale aufragenden Kalkwänden der Schwäbischen Alb. Der Dunst des sonnigen Tages verhüllte das schneebedeckte Panorama der Alpenkette, das sich sonst bei klarer Witterung bizarr vom südlichen Horizonte abhebt. Wenn behauptet wird, daß der Brandenkopf die zweitschönste Rundsicht des Schwarzwaldes bietet, dann kann man das nur unterstreichen. Doch dieser Ausblick gewährte mir auch einen Einblick! Der Brandenkopfwirt mußte mir das beste Fläschchen Wein holen. Dann stieß

Der 1929 fertiggestellte Aussichtsturm auf dem Brandenkopf.
Daneben die alte Schutzhütte.

ich aus dankerfülltem Herzen mit meinem fürsorglichen Wanderführer an, wobei ich begeistert ausrief: »Zum Wohl auf den Schwarzwaldverein!« Du staunst? Ich müßte ja mit verbundenen Augen durch die Gegend laufen, würde ich nicht auf Schritt und Tritt der Arbeit, der Leistung dieser Vereinigung begegnen und aus ihr meine Vorteile schöpfen. Naturlehrpfad-Schwarzwaldverein, Wanderheim-Schwarzwaldverein, Brandenkopfturm-Schwarzwaldverein, an jedem Bahnhof Hinweistafeln für den fremden Wanderer-Schwarzwaldverein, die unzähligen Markierungszeichen-Schwarzwaldverein . . . Evmarie, wie freue ich mich, daß es noch Menschen gibt, deren Idealismus und Begeisterung zur Sache weit über dem Egoismus und dem Nurverdienen unserer Zeit stehen.

Übrigens stand auf dem 947 m hohen Brandenkopf zunächst ein Holzturm, der dann durch die Spenden der umliegenden Gemeinden in den Jahren 1928/29 durch den jetzigen Sandsteinbau ersetzt wurde. Wirklich ein schönes, himmelanstrebendes Symbol der Eintracht und Opferbereitschaft im Sinne einer Idee! Noch eine schöne Zeit ließen wir uns von der milden Sonne zärtlich über die Wangen streichen, denn ich hatte wieder einen köstlichen Schatz gefunden, die Zeit! Stell dir vor, ich hatte wieder Zeit, Zeit zum Ausruhen, Zeit zum gemütlichen Gespräch. Du wirst lachen, beim Aufstieg hatte ich den festen Entschluß, heute noch einmal den Umweg zu machen, um dann morgen von Hausach aus direkt der Gutach entlang Triberg zu erreichen. Doch auf Empfehlung meines guten Opas werde ich noch einen Tag »opfern« und heute nach Steinach hinuntersteigen. Auf kleinen Umwegen wanderten wir dann zum Schwarzenbachsattel, um den Nillkopf herum wieder zu den Nillhöfen und von dort zum Fischerbacher Eck.

Zwischendurch wurde ich auf die kleinste Stadt Deutschlands aufmerksam. Rate! – Karfunkelstadt, die nur drei Häuser hat! Über den Barbarast kamen wir in das Tal von Welschbollenbach und durch Bollenbach über den neuen Kinzigsteg nach Steinach, dessen barocker Kirchturm uns schon von weitem willkommen hieß. Im Schatten der Kirche hält eine Tafel die Erinnerung an zwei schon längst verblichene Bürger dieser aufstrebenden Gemeinde wach. Da lesen wir den Namen des Pfarrers Dr. Georg Schöner, der als »Vater der Rosen«, durch seine Rosenzucht in Kalifornien, als Gelehrter und Heimatdichter Unsterblichkeit erlangte. Der Hinweis auf den wackeren Steinacher Vogt Nikolaus Schwendemann (1719–1802), der den eisigen Fluten der Kinzig fünf Menschenleben entriß, lenkte meine Aufmerksamkeit auf den einzigen Fluß, der den Schwarzwald in seiner gesamten Breite »durchschneidet«. Wenn das Kinzigtal heute eine goldene Aue ist, so ist dies mit dem umsichtigen weitblickenden Obersten Gottfried Tulla zuzuschreiben, der nicht nur den Rhein bezwang. Nach seinen

In Steinach steht der schönste Fachwerkbau des Kinzigtales.

Plänen wurde auch die wilde, in unzähligen Schlingen flie-
ßende Kinzig um die Mitte des letzten Jahrhunderts begradigt,
kanalisiert und dadurch das versumpfte, unwirtliche Tal in ein
grünendes und blühendes Wiesen- und Ackerland verwandelt. Hohe Dämme schützen nun größtenteils die Bewohner
gegen die reißenden und nagenden Fluten, die jedes Jahr eini-
gemal gefährlich ansteigen, aber nur noch selten die Schrek-
ken früherer Jahrhunderte verbreiten, die uns die Ortschroni-
ken vermelden. Die vielen Nepomukstatuen auf Brücken und
an Bächen des Kinzigtals erinnern noch an die Wassernöte
und an das Vertrauen der hilflosen Menschen auf den Schutz
des Höchsten.

In Steinach lernen wir aber nicht nur die feindlichen, todbringenden Wasser der Kinzig kennen, auch ihre freundliche Seite klingt in der »Flößerstube« an. Bis kurz vor der Jahrhundertwende trugen die Wasser der Kinzig und zahlreicher Nebenflüßchen die mächtigen Schwarzwaldtannen, zu Flößen zusammengebunden, hinaus zum Rhein und von dort hinunter nach Holland. Die kräftigsten Stämme, der Stolz der Wälder, die sogenannten »Holländer«, verwendeten die geschäftstüchtigen Mynheers zum Schiffsbau. In Steinach suchten die heimkehrenden Flößer den Adler auf zur fröhlichen »Flößerzeche« oder sie ließen talabwärts den »Logel« mit Schnaps füllen. Einmal aber hieß es: »Jetzt flözen wir zum letztenmal durch dieses schöne Kinzigtal. Was lange unsere Freude war, ist wohl dahin auf immerdar!«

Vierter Tag

Kelten, Römer und Alemannen

Nach zwei verhältnismäßig anstrengenden Tagen für mich – als Mitglied der »reitenden Gebirgsmarine« –, wollte ich so einen halben Ruhetag einlegen. Dafür schien mir der heutige Tag wie geschaffen, denn: »Sonntag ist's, ein heil'ger Friede . . .«. Nach dem gemeinsamen Abendessen verabschiedete sich gestern mein lieber, guter Opa. Ich begleitete ihn noch an den Bahnhof. Unterwegs versprach ich ihm hoch und heilig, seinen Wunsch zu erfüllen, ihn jeden Abend telefonisch zu verständigen und ihm den Plan für den kommenden Tag mitzuteilen, da es gut möglich sein könne, daß er nochmals mit mir wandere. Auch gab er mir einen herzlichen Gruß – »unbekannterweise« – für dich mit, und ich möge dir mitteilen, daß ich bestimmt noch ein guter Wanderer werde, die Probezeit hätte ich gut bestanden. Dabei spielte ein spöttisches Lächeln um seinen Mund, und die Augen blinkten listig unter den Brauen hervor. Seltsam!

Nach dem Kirchgang wurde ich auf dem Friedhof auf einen besonderen Grabstein mit einer eigenartigen Inschrift aufmerksam: »Komm, lieber Gast und lese da, hier lieg ich tot, Rosalia, nachdem ich 44 Jahr eine gute Eh-' und Wirtsfrau war. Da nun mein Fleisch in Staub vergeht, wie meinst, daß um mein' Seele steht, wo ich kein Heller Zech mehr lös', als nur für das, was gut und bös? Ja, was ich auch nicht selbst getan, rechnet man mir aufs genauste an, und muß bezahlen fremde Schuld, wenn ich was Böses hab' geduldt. Laßt dieses euch zur Warnung sein, ihr Wirt und alle insgemein, sprecht bei meinem Wirtshaus zu, sprecht: Gott geb' ihr die ewig Ruh'. Anno 1780, 19. August.« Die Wirtin, die in ihrem Hause stets auf Zucht und Ordnung schaute, verfaßte diese Verse noch zu Lebzeiten.

Schon gestern wurde ich etwas stutzig, daß es außer dem Orte Bollenbach noch ein dazugehöriges Welschbollenbach und bei Steinach ein Welschensteinach gibt. Als ich dieser Frage näher trat, stieß ich auf die Besiedlungsgeschichte des Kinzigtales. Man nimmt an, daß die Kelten zuerst das damals rauhe Kinzigtal betraten. Obwohl man verschiedentlich auf keltische Flurnamen trifft, vor allem in den Seitentälern, ist diese Annahme noch nicht restlos fundiert. Sicher ist aber, daß die Römer 74 n. Chr. eine Straße durch das Tal legten, um ihre großen Städte Straßburg und Rottweil miteinander zu verbinden. Zahlreiche Funde weisen darauf hin, daß die Söhne Roms im Kinzigtal siedelten. Unter dem Ansturm der vorwärtsdrängenden Alemannen mußten später diese gallo-romanischen Siedler (von Gallien-Frankreich eingewandert) weichen oder sich in die Seitentäler zurückziehen. Dort lebten sie dann als die »Welschen«. das Wort Welschensteinach erhält aber auch noch eine andere Deutung, wenn man berücksichtigt, daß das heutige Steinach einmal »teutschensteinach« hieß. Sollten dann in Welschensteinach wirklich die eingewanderten »Welschen« gewohnt haben? Einfacher ist jedoch die Erklärung, nach der »welsch« von lateinisch »vallis« – Tal abgeleitet wird.

Der in Haslach geborene und dort gestorbene Schwarzwälder Volksschriftsteller Heinrich Hansjakob (1837–1916).

So ist Welschensteinach, das Tal durch das die Steinach fließt, das Tal bei Steinach. Obwohl die Alemannen von den Franken unter Chlodwig entscheidend geschlagen wurden, durften sie links und rechts des Rheines bis südlich der Oos verbleiben, so daß man sagen darf, das Kinzigtal ist alemannisches Stammland. Die eigentliche Besiedlung des Schwarzwaldes setzte etwa um das Jahr 1000 ein.

Gemütlich schlenderte ich auf dem Kinzigdamm gegen Haslach zu, dessen Kirchturm ich sehr bald erblickte. Sehr anmutig wirkte auf mich das einstige Fürstenberger Städtchen, das sich stolz, aber auch mit Verpflichtung »Hansjakobstadt« nennt. Hier also ist die Heimat des weithin bekannten und verehrten Volksschriftstellers Heinrich Hansjakob, der gerade dem Kinzigtal in seinen vielen Schriften und Büchern ein unvergängliches Denkmal setzte. Muß ich dir noch viel über diesen Pfarrdichter berichten? Obwohl schon mehr als 75 Jahre sein Grab decken, steht seine große und hehre Gestalt immer noch lebendig vor dem Volke, dessen Lehrer, Mahner und Erzähler er ist. Ich weiß ja, daß du alle neuaufgelegten Bücher von Hansjakob gleich einem kostbaren Hausschatz gekauft hast, so daß ich im Winter nochmals mit Hansjakob durch die Täler und über die Berge des Kinzigtales wandern werde! Das malerische Rathaus von Haslach ist eine aufgeschlagene Heimatgeschichte. So erfahren wir etwas vom sagenumwobenen Leutnant von Hasle, der im Dreißigjährigen Krieg, der dem Kinzigtal besonders viel Not und Entbehrungen brachte, gegen die Soldateska einen erfolgreichen Kleinkrieg führte. Das Schicksal des unglücklichen »närrischen Malers« Carl Sandhas ergreift uns alle, wenn wir seine Geschichte aus der Feder Hansjakobs lesen. Der »Steinerne Mann« aber führt uns weit in die Vergangenheit des alten Marktfleckens, der jahrhundertelang treu zu den Grafen und Fürsten von Fürstenberg hielt.

Die Verbundenheit der Kinzigtäler mit ihrer Heimat, mit der Tradition, die aber keineswegs den Blick für die Probleme unserer Zeit und der Zukunft trübt, findet ein lebendiges, immer neu bezauberndes Symbol in den Trachten, die hier noch vielerorts getragen werden. Ohne Übertreibung darf gesagt werden, daß das Kinzigtal noch zu den trachtenfreudigsten Gebieten unseres Vaterlandes gezählt werden darf. Noch mehr, auf engem Raum finden wir die verschiedenartigsten Trachten beisammen. Von Gengenbach herauf bis nach Mühlenbach-Fischerbach erstreckt sich das Land der Goldhaube. Im Harmersbachtal wird die Henkelhaube getragen. Die Kappe der Einbacher Bäuerinnen sticht in ihrer Einmaligkeit hervor. Das obere Kinzig- und Wolftal wird von der Fürstenberger Tracht beherrscht. Als Besonderheit betrachten wir das Kleid der Lehengerichter. Zur »Schwarzwälder Tracht« wurde der Bollenhut der Gutacher, Kirnbacher und Reichenbacher. Vielgestaltig wie die Hauben der Bäuerinnen sind auch die Kränzchen und »Schäppel« der Kinzigtäler Maidli. Bei den verschiedenen Männertrachten dürfen wir nicht die Gengenbacher-, Zeller-, Unter- und Oberharmersbacher-, sowie die Haslacher- und Wolfacher Bürgerwehren vergessen. So sind die Trachten ein Spiegelbild der Landschaft, die in ihrer reichen Fülle auf standesherrliche und religiöse Unterschiede hinweisen.

Die von Professor Laible – auch ein berühmter Sohn der Stadt – kunstvoll gestaltete Fassade des Haslacher Rathauses möchte uns aber auch noch auf die besondere Brauchtumsfreudigkeit der Kinzigtäler aufmerksam machen. Was Hansjakob diesbezüglich von seiner Heimatstadt berichtet, kann auf das gesamte Gebiet beiderseits der Kinzig ausgedehnt werden. Dreikönigssingen, der Storchentag oder Peterlestag, Palmsonntag, der Kräuterbuscheltag, das Erntedankfest, der Nikolaustag sowie die örtlichen Feiern der Kirche und der Gemeinde sind Höhepunkte der volkstümlichen Feste. Jedes Jahr aber, auf der Schwelle zwischen Winter und Frühling, feiert die alemannische Volksfasnacht Urständ. Dabei sind die einzelnen Narrenräte ehrlich bemüht, den artfremden Karne-

Trachtenträgerinnen aus Mühlenbach und Gutach (rechts).

Kinzigtäler Fasnachtsgestalten:
Gengenbacher Hexen und Hausacher Spättlemadlees (rechts).

val und Fasching fernzuhalten, der besonders dort Fuß fassen möchte, wo altes Brauchtum fehlt oder verloren gegangen ist. In den evangelischen Gemeinden kennt man noch die »Bauernfasnacht« am Funken- oder Küchlesonntag. Altes und neues Brauchtum lebt auch auf bei den Festen der Familie und bei denen, die am Lebenswege stehen. Natürlich droht dem Brauchtum, als Ausdruck persönlicher und landschaftlicher Wesensart durch den »Zeitgeist«, gepaart mit Gleichgültigkeit und der Frage nach dem materiellen Nutzen, auch hier wie überall große Gefahr. Die Gleichmacherei, die Entpersönlichung des alltäglichen Lebens und Denkens dringt bis in den hintersten Zinken und findet auch dort willige Ohren!

Am Nachmittag unternahm ich noch einen gemütlichen Spaziergang auf dem neugeschaffenen Haslacher Naturlehrpfad, zu dem man dem dortigen Schwarzwaldverein nur gratulieren kann. Alles in allem, ein erlebnisreicher Sonntag liegt hinter mir.

Fünfter Tag

Das Brot der Heimat

Heute, ich will es ehrlich gestehen, erlebte ich einen kleinen Rückfall in meine alte Autofahrerkrankheit. Als ich gestern abend in froher Runde bei einigen Haslachern saß – ich machte dabei mit der sprichwörtlichen »Haslacher Zunge« Bekanntschaft –, lud mich einer der stets zu Witz und Heiterkeit aufgelegten Tischfreunde zur Fahrt auf die »Biereck« ein, da er dort geschäftlich zu tun habe. Ich nahm diese Einladung als günstigen Wink des Zufalls gerne an, nachdem ich am gestrigen Sonntag so ziemlich die tyrannisierende Bindung an die Zeit verloren hatte, ich sozusagen mein eigener Herr geworden bin. Du wunderst dich? Nun: »Das Wandern schafft stets frische Lust, erhält das Herz gesund, frei atmet . . .«.

132

Dadurch wich ich erneut vom direkten Weg ab, was mir aber den Vorteil bringt, daß ich nun auch die Gegend links der Kinzig unter die Füße nehme, vom nördlichen in den südlichen Schwarzwald überwechsle, wie ich es einmal in der Schule lernte. Gerne hätte ich der letzten Ruhestätte Hansjakobs einen Besuch abgestattet, aber – »der Wagen er rollt!«

So suchte ich wenigstens mit meinen Blicken jene einzig schön gelegene Grabkapelle auf und musterte im Vorbeifahren auch die »Drei Schneeballen«, in denen der Volksschriftsteller immer wieder weitab vom Getriebe seines Alltags Erholung und Anregung fand. Mein freundlicher Fahrer lud mich noch zu einem kleinen Frühschoppen auf der Biereck ein, wo sich einst die Hirtenbuben über Pfingsten zu ihrem traditionellen »Schellenmarkt« trafen. Viel wußte der alte, mitteilsame Biereckwirt zu erzählen! So erfuhr ich die traurige Geschichte des Hausacher Fruchthändlers und Hirschwirts Schmider, der etwas talabwärts von hier von einer Kugel tödlich getroffen wurde, die wahrscheinlich sein Nebenbuhler auf ihn abfeuern ließ. Ein Bildstock neben der Straße erinnert noch an diese schaurige Geschichte. Früher führte die Straße von Haslach ins Elztal nämlich über die Biereck als Paßhöhe. Erst später wurde die Straße durch Mühlenbach über die Heidburg ausgebaut. Überhaupt findet man im Kinzigtal sehr viele steinerne Bildstöcke, die meist im frommen Gedenken, aber auch als mahnende stumme Zeugen und Künder an die Wege und Pfade gesetzt wurden. Beim Schloßhof, kurz vor der historischen Heidburg, überdachte ich auch noch einmal die kurz zuvor vernommene Begebenheit, nach der sich zwei Bauern regelrecht das Wasser abgruben. Deshalb schüttet noch heute die Quelle auf der Wasserscheide ihren üppigen Strahl zur Elz hinunter. Der Vorfall brachte dem geschädigten Schloßbauern und seinem Hofe viel Kummer und Gram. Majestätisch beherrscht der Sandsteinkegel mit der ihn einst krönenden Heidburg das Land zwischen Kinzig und Elz, das Hansjakob sein »Paradies« nannte.

Bald verließ ich den Querweg Lahr-Rottweil, um über den Flachenberg nach Mühlenbach hinunterzusteigen. Unterwegs kam ich immer wieder mit den freundlichen Menschen ins Gespräch, die, hat man ihr Mißtrauen überwunden, sich gerne auf eine Unterhaltung einlassen. So erfuhr ich, daß es im Kinzigtal große Waldbauern gibt, die vor allem aus den Erträgen ihrer umfangreichen Waldungen leben. Aber auch Viehzucht, in höheren Lagen im Weidebetrieb, ernährt seine Bewohner. In den Tallagen dehnen sich immer mehr mustergültig angelegte Obstbaumanlagen aus, die durch gute Pflege große Einkünfte bringen. Viele behaupten, im Geschmack sei das Kinzigtäler Obst den Früchten des Bodensees überlegen. Natürlich, über den Geschmack kann man streiten. In günstigen Lagen läßt auch der Getreideanbau gute Ernten erwarten. Die vor einigen Jahren noch sehr hohen Holzpreise und der Mangel an Arbeitskräften hat dazu beigetragen, daß der Wald, einst auf die Höhen vertrieben, immer mehr ins Tal wächst und damit das Landschaftsbild nachteilig beeinflußt. In Mühlenbach wollen noch einige alte Flurnamen auf eine kelto-romanische Besiedlung schließen lassen, und der aufgefundene römische Altarstein zu Ehren der Göttin des Schwarzwaldes gab dazu neue Rätsel auf.

Beim Buchholzenhof im Bärenbach stieg ich gegen Norden zu wieder bergan, um dann auf die Höhe der einstigen Zwerggemeinde Sulzbach zu gelangen. Dort oben machte ich mit einem originellen Bauersmann Bekanntschaft: »So, wo kumme-nr här? - Ah, vum Millibach - do hän ir aber ä schene Tag verrote. - Sin ihr scho lang unterwegs? - Ha, do hän ihr do bstimmt Durst? - Wänn ihr ä Gläsli Most? - Aso, no kumme nu ri. - Wo hän ihr d'Frau? - Also, no ledig. - So jetzt trinke-nr no ä guets Zibärtli-Schnäpsli, des hilft eich widder uff d'Fieß. - Esse-nr au no ä Vesper? - Kumm, Lisbeth, bring dem Wandersmann ämol ä Speckbrättli un ä scharfs Messer. So, jetzt len eich des nu schmecke, wänn's nit langt, mr hän no meh! - Wo wänn ihr hit no na? Ah, gi Huse-ho, do sin ihr bald. Do laufe-nr

Der Matthes,
ein echtes Bauernoriginal.

grad säll Wegli de Pfarrberg na, no sähn ihr scho s'Städtli.
Kehre au bim Dorfwirt a, un sage-nem, i dät morge noch de
Licht no einer packe . . .«. Ich sage dir, das Vesper und die
humorvolle Unterhaltung waren einmalig! Zum Glück holte
»de Jung« den Vater zu einer wichtigen Arbeit, ich glaube, ich
wäre unter die Räder gekommen.

Bald erblickte ich dann auch das gotische Kleinod, die
Hausacher Dorfkirche, eine alte Bergmannskirche wie die von
Prinzbach. Hier also sollte ich einiges über den Kinzigtäler
Bergbau erfahren, der in früheren Jahrhunderten vielen Men-
schen Arbeit und damit Brot gab. Vor allem bei Prinzbach, um
Haslach (»In Haslach gräbt man Silbererz . . .«), Hausach, Wol-
fach und Wittichen grub man nach edlen Erzen. Zunächst war

es besonders das Silber, das die Knappen in die Felsennacht der etwa 300 bis 400 Stollen und Schächte des Kinzigtäler Bergbaureviers trieb, das größtenteils dem Fürst von Fürstenberg als obersten Bergherrn gehörte. Dann aber wurden u. a. auch Eisenerze und Schwer- und Flußspate abgebaut. Große Gewinne erzielte man durch die Kobalterze, die, zu Farbpulver zermahlen, auf den Rücken der Flöße bis nach Holland verfrachtet wurden. Neben dem Holz war der Bergbau der Grundstock zum Aufbau einer Industrie, wie Hammerwerke, Farbwerke und Schmelzereien.

Durch den Bergbau kamen viele Fachkräfte aus Vorarlberg, dem Allgäu, Tirol und dem Erzgebirge ins Kinzigtal. Die Vorfahren des Erfinders des Drehstrommotors, August Haselwander, sowie des letzten Abtes von St. Peter, Ignaz Speckle, der ein für die Geschichtsschreibung sehr wertvolles Tagebuch hinterließ, zählen zu diesen Einwanderern, die sich in

Die weit ins Tal grüßende Burg Husen.

136

Hausach niederließen. Die Chroniken vieler Städte und Dörfer enthalten zudem noch die Namen bekannter Vorarlberger Baumeister. An der Dorfkirche las ich auf einem alten Grabstein folgende Verse: »Ist es nicht ein Graus, sechs in einem Haus, sechs an einem Tag, sechs in einem Grab«. Der Rote Hahn hatte ein Haus überfallen und alle Bewohner mit in den Tod gerissen.

Von Burg Husen aus, durch das Tal bis zur gegenüberliegenden Höhe verlief die zweite Verteidigungslinie im Kinzigtal, um den aufwärts drängenden Feind vom Oberland fernzuhalten. Was Hausach jahrhundertelang zum Schaden gereichte, seine geographische Lage, wurde ihm nach und nach zum Vorteil. Kriege, Brände und Seuchen setzten dem Städtchen zu Füßen der markant über dem Tale thronenden Burg Husen schwer zu. Als aber im Jahre 1866 das Dampfroß von Offenburg das Tal herauf bis nach Hausach schnaubte, bahnte sich eine Entwicklung an, die heute noch nicht abgeschlossen ist. Als dann gar noch die weltberühmte Schwarzwaldbahn fertiggestellt war und Jahre später auch noch der Zug ab Hausach bis Freudenstadt-Stuttgart dampfte, erlangte die Gemeinde die Bedeutung einer Eisenbahnerstadt. Nach dem letzten Krieg übersprang Hausach sogar die Hürde zur ersten Industrie- und Schulstadt im einstigen Kreis Wolfach.

Das Kinzigtal ist nicht nur ein forst- und landwirtschaftlich ausgerichtetes Gebiet auch eine ausgewogene Industrie, die im allgemeinen wenig den Charakter und damit die Schönheit stört, gibt einem Großteil der Bewohner das tägliche Brot. Sägewerke, Möbelfabriken, Textil- und elektrotechnische Betriebe wie auch Maschinen- und feinmechanische Fabriken bieten genügend Arbeitsplätze. Das Kinzigtal kann seine Menschen ernähren! In Hausach fand ich, wie bisher an jedem Orte, eine gastfreundliche Aufnahme und am Abend eine gemütliche Tischrunde. So freut mich das Wandern: am Tag ungezwungen und leicht wie ein Reh auf freier Wildbahn über Straßen und Wege, über Berg und Tal. Abends aber dann eine

Das schloßähnliche »Herrenhaus« in Hausach.
Einst wohnten darin die Direktoren des Hammerwerkes.

Unterkunft, in der man sich wie zu Hause fühlt und ein paar Menschen mit der gleichen »Hutnummer« findet. Der heutige Tag hat mich zwar etwas mitgenommen, aber ich bin schon ganz gut eingelaufen. Die neuen Schuhe haben sich mittlerweile an den täglichen Einsatz gewöhnt, wenn sie mir auch gleich zum Auftakt einige Blasen bescherten! Aber da bin ich ja selber schuld. Du hast es mir ja gesagt, daß man zu einer großen Wanderung keine neuen Schuhe anzieht. Aber ich wollte ja als »Salonwanderer« auftreten, wie die Modepuppen auf der Skipiste, die zwar vom Skifahren recht wenig verstehen, aber um so mehr auffallen: Mode bis zur Badehose!

Wenn ich so ganz alleine durch die Wälder und Wiesen streiche, kann ich ungestört meinen Gedanken nachgehen, die dann meist bei unserer gemeinsamen Zukunft stehenbleiben. Schade, daß du nicht bei mir bist. Hier könnten wir alles in Ruhe und mit dem Blick über dieses gesegnete, bezaubernde Land besprechen, denn unser Leben ist ja nichts anderes als eine große Wanderung mit Tälern und Höhen, mit schönen Wegen und steinigen Pfaden. Gut, wenn man gemeinsam geht und gemeinsam die Last – den Rucksack – trägt . . .

Sechster Tag

Idealisten . . . und zwei »Käfer«

Nun bin ich schon den sechsten Tag unterwegs und noch nicht in Triberg! Das macht aber gar nichts, im Gegenteil: »Wem Gott will rechte Gunst erweisen . . .«. Gut, daß ich am Anfang den fürsorglichen Opa gefunden und so den inneren Widerwillen zertreten habe. Es ist wie beim Baden: am Anfang ist das Wasser kalt, doch schon nach einer kleinen Weile ist der Temperaturunterschied überwunden und man fühlt sich wohl und erfrischt. So ist es auch beim Wandern, man muß einfach mit aller Energie den Zündschlüssel abziehen und sich befehlen: jetzt wird gewandert! Wie sagte doch einmal der Arztdichter Ludwig Finkh, um die Menschen von den Alltagssorgen und ihren Zeitkrankheiten zu befreien: »Ich kenn' nur einen Weg und keinen anderen: Wandern, Wandern!«

Für die letzte Strecke bis nach Triberg habe ich eine schöne Begleitung gefunden. Stell dir vor, zwei quicklebendige »Schwoabekäfer« wandern heute ein Stück mit mir. Ich habe sie in Hausach getroffen. Sie wandern schon seit einigen Tagen auf dem Höhenweg Pforzheim-Basel. Die haben ja noch viel vor, da bin ich ein Waisenknabe! Die beiden Mädchen – so um die zwanzig rum – wohnen in Reutlingen und verbringen schon seit drei Jahren ihren Urlaub gemeinsam mit dem Rucksack auf dem Buckel. Ich wünsche jeder einen guten Wanderfreund fürs Leben. »Bloß koi Angst, mir Schwoabe kommet scho zue userm Sach«, bekam ich frisch von der Pfanne weg als Antwort.

139

Der Obervogt
Karl Huber,
ein »Beamter von
Gottes Gnaden«.

In einem mehrmonatigen freiwilligen Einsatz haben die Mitglieder der Hausacher Vereine die wuchtige Schloßruine freigelegt und sie so in ihrer ganzen Größe dem Besucher zugänglich gemacht: Aktion Bürgersinn! Aber auch auf dem Farrenkopf, den wir nach einem etwas beschwerlichen Aufstieg – immerhin über 500 m Höhenunterschied – erreichten, durfte ich nochmals das Werk von Idealisten bewundern. Der Gutacher Schwarzwaldverein hat in mühevoller Arbeit den Gipfel wieder so freigelegt, daß der aussichtsreiche Farrenkopf den Namen »Badischer Rigi« erneut verdient. Beim Aufstieg kamen wir auch zu einem Kästchen mit der Aufschrift: Wanderbuch. Hier tragen sich alle Wanderer auf dem Höhenweg ein. Ich staunte, wer da alles den Wanderstock schwingt und woher die Schreiber alle kommen, die hier ihre Freude und ihren Dank über den herrlichen Schwarzwald und die guten Wege in Worte kleiden. Natürlich habe ich mich auch verewigt im Sinne, reim dich oder ich friß dich! »Die Liebe brachte mich auf diesen Weg, denn ich kannt' weder Wald noch Steg. Daß ich zum Wandern jetzt bekehret bin, das bekenne ich mit Herz und frohem Sinn!« Über das Büchereck gelangten wir auf die Prechtaler Schanzen, deren Überreste auf den Spanischen Erbfolgekrieg hinweisen, der auch die Kinzigtäler schwer heimsuchte. »Huberfelsen« und »Huberweg« erinnern an den sehr verdienstvollen vorderösterreichischen Obervogt von Triberg Karl Huber, den Hansjakob als einen »Beamten von Gottes Gnaden« schilderte. Er belebte nicht nur die Uhrenindustrie, sondern trieb auch die Heimarbeit voran, indem er durch einen italienischen Flechtmeister die Strohflechterei »auf dem Wald« einführte. Im Prechtal förderte er den Obstbau und brachte dem aufkeimenden Erziehungswesen großes Verständnis entgegen. Am »Huberfelsen« kündet eine Tafel: »Dem unvergleichlichen Obervogt Huber, dem großen Wohltäter des Volkes, dem bahnbrechenden Förderer der Strohflechterei, errichteten viele Schwarzwaldfreunde aus allen Teilen des Badner Landes dieses Denkmal!« Meine schwäbisch-württembergischen Wanderfreundinnen sollten aber sehr bald den Ausgleich erfahren, nachdem wir nochmals einen markanten Felsen, den »Karlstein« auf dem Hauenstein erklommen hatten. Hier oben stießen nicht nur drei Gemeinden zusammen: Reichenbach bei Hornberg, Niederwasser und Oberprechtal, sondern zuvor auch einmal drei Herrschaftsgebiete: die württembergische Herrschaft Hornberg, die vorderösterreichische Herrschaft Triberg und das Gebiet des Prechtales. Letzteres wurde aber als Besonderheit von zwei Herren regiert, ein Jahr schwangen die Fürstenberger das Zepter, das andere Jahr machten sich die Beamten von Baden-Hachberg breit. Es wird nun erzählt, daß auf dem Hauenstein der Felsengipfel zu einer steinernen Tischplatte behauen wurde, in die vier Vertiefungen geschlagen wurden. Von Zeit zu Zeit trafen sich die vier Herren zum gemeinsamen Essen. Wenn auch der Tisch vier Besitzer hatte, so lagen doch die steinernen Eßnäpfe und die Sitze im eigenen Herrschaftsbereich. Wir sehen, Gipfelkonferenz auf höchster Ebene bereits schon in früherer Zeit. Warum nun aber Karlstein? Lesen wir auf dem Gedenkstein: »Wanderer Steig herauf und siehe die Seltenheit Vier graenzen in einem-Eine noch groessere-CARL Herzog zu Wirtemb. u tek stieg selbst herauf und setzte zum angedenken mit Eigener Hand Die zween Baeume hier auf diesem Grossen CARLstein den 23. Juli: 1770.« Der württembergische Herzog Karl Eugen, der Erbauer des Jagdschlosses Solitude bei Stuttgart und Maßregler des jungen Friedrich Schiller, besuchte vom Bade Teinach aus mit großem Gefolge seine Schwarzwälder Besitzungen und dabei den Hauenstein.

Nach dem ehemaligen Rendsberger Schulhaus verließen mich die zwei lustigen, redseligen Schwäbinnen, die noch bis zur Wilhelmshöhe kommen wollten. Ich aber sagte dem roten Rhombus ade und strebte über die Laubeck, Holzeck meinem Ziele zu. Es war gut, daß ich mein Quartier schon am Morgen telefonisch vorbestellt hatte, denn als ich Triberg betrat, fing es an zu dämmern, und die Glocken läuteten die Betzeit ein.

Siebter Tag

Perle zwischen drei Bergen

Nach getaner Arbeit führe ich mir für heute die biblischen Worte »am siebenten Tage aber ruhte Gott« sehr zu Herzen. Das soll aber nicht heißen, daß ich nicht das Ziel meiner Wanderung gründlich unter die Lupe nehme. Ich glaube nicht, daß du mir böse bist, wenn ich nun schon sieben Tage »herumvagabundiere«, aber die Geister, die du riefst, lassen mich nicht mehr los. Ein klein wenig möchte ich dir auch mit gleicher

Münze zurückzahlen. Zuerst hast du alles aufgeboten, um mich loszuwerden, jetzt siehe auch zu, bis ich wieder komme. Aber was sich liebt, neckt sich! Opa staunt jeden Abend bei der Lagebesprechung und unterstützt mit auffallender Gleichgültigkeit alles, was mich zum Bleiben bewegen kann. Ein alter, schlauer Fuchs!

Unterhalb der einzigartigen Gutach-Wasserfälle, die als Triberger Wasserfälle in der Fremdenverkehrswerbung als Deutschlands größte Fälle Weltgeltung haben, liegt die Stadt Triberg. Drei Berge, die Kroneck, der Kapellenberg und der Sternenberg schauen auf das geschäftige Leben in der Stadt herab, die nach dem Großbrand 1826 neu aufgebaut wurde, so daß wir hier vergeblich nach mittelalterlichen Gesichtszügen suchen. Ursprünglich gehörte das Gebiet um Triberg zur Herrschaft Hornberg, wechselte aber dann verschiedene Male ihre Herren, bis es zum vorderösterreichischen Breisgau geschlagen wurde. Doch nach der Neueinteilung der deutschen Lande nach Napoleons Gnaden – geregelt im Frieden von Preßburg –, wurde die Herrschaft Triberg unter das Großherzogtum Baden und das Königreich Württemberg aufgeteilt. Von der einstigen Triberger Burg blieb herzlich wenig übrig.

Um so mehr rückte deshalb die Wallfahrtskirche »Maria in der Tanne« seit Jahrhunderten in den Blickpunkt unzähliger Pilger, die hier Trost und Segen empfingen. Das an eine mächtige Schwarzwaldtanne geheftete Marienbild zog sehr viele fromme Beter an, so daß sehr bald an den Baum eine Holzkapelle angebaut wurde. Ob der Wundertätigkeit des Gnadenbildes eilten immer mehr Wallfahrer herbei, so daß man ernsthaft an den Bau einer großen Steinkirche dachte, deren Grundstein 1699 gelegt wurde. Bau und künstlerische Ausgestaltung fanden in der Weihe der Triberger Wallfahrtskirche durch den Konstanzer Bischof im Jahre 1716 ihren Abschluß. Markgraf Ludwig von Baden, im Volksmund der »Türkenlouis« genannt, stiftete das silbergetriebene Antependium. In den Jah-

Blick zu den Triberger Wasserfällen.

ren 1805 bis 1807 wirkte der berühmte Redemptoristenpater Clemens Maria Hofbauer an der Wallfahrtskirche, die bis vor einigen Jahrzehnten zugleich auch die Stadtkirche von Triberg war.

Dankbar bin ich für den Hinweis, das Triberger Heimatmuseum aufzusuchen. Wer diese einmalige Sammlung nicht gesehen hat, ist nicht in Triberg gewesen! Hier erlebt man den Schwarzwald, sein Volkstum, seine Sitten und Gebräuche. Man erhält aber auch einen Einblick in die Arbeit der Bewohner dieser Gegend von einst: Uhrenmacher, Spanschneider, Strohflechterei und vieles mehr wird in lebendiger, anschaulicher Weise gezeigt. Dann die vielen Spieluhren, die Unterhalter und Plattenspieler unserer Großväter, verwandeln die Räume in einen Konzertsaal mit volkstümlichen Weisen. Es gäbe zuviel, wollte ich dir alles beschreiben. Ich nahm mir aber fest vor, mit dir nochmals dieses Heimatmuseum seltener Art zu besuchen. Du wirst auch begeistert sein! Sehr gut ist auch das Modell der von Robert Gerwig erbauten Schwarzwaldbahn gelungen.

Daß in Triberg der internationale Fremdenverkehr sehr groß geschrieben wird, davon zeugt der einladende Kurgarten, das Waldschwimmbad und die Konzerthalle. Man muß es den Tribergern zugestehen, sie verstehen es, das ganze Jahr über wertvolle kulturelle Veranstaltungen für die Gäste und die Einwohner in ihre Mauern zu holen: Konzerte, Theater, Vorträge . . .

Oberhalb der Wallfahrtskirche bestieg ich ein Boot, um auf dem »Triberger Ozean«, dem Stadtweiher, eine Rundfahrt anzutreten. Übrigens verriet mir ein Triberger ein besonderes Geheimnis. Im Sommer, wenn die von Schönwald herbeieilende Gutach wenig Wasser führt und so der bezaubernde Anblick der brausenden, schnellenden und rauschenden Fluten der Wasserfälle geschmälert ist, muß der hohe Rat der Stadt während der Nachtstunden eimerweise das Wasser wieder in den oberhalb der Fälle gelegenen Stauweiher tragen, damit am anderen Tag erneut die Kurgäste vor Staunen den Mund nicht mehr schließen können.

Nach dem unterhaltsamen wie auch eindrucksvollen Ruhetag in Triberg wollte ich nun morgen endgültig mit »Befehl ausgeführt« die Stadt zwischen den drei Bergen verlassen, um bald wieder in deiner Nähe zu sein. Nun, ich habe ja noch einige Tage Urlaub, aber ich wollte doch wieder heim. Aber der liebe Opa beschwor mich, ich solle doch noch einen Tag im Schwarzwald bleiben. Vor allem müßte ich auch noch das Gutachtal kennenlernen. Um mich entschlußfreudiger zu stimmen, möchte er morgen abend von Hausach aus mit mir nach Triberg fahren, um am folgenden Tag noch einmal mit mir gemeinsam zu wandern. Zur Bekräftigung seines Vorhabens bat er mich, ihm ein Einzelzimmer zu bestellen. Nun, ich bin dem alten Wanderfreund zu Dank verpflichtet, und wenn ich ihm eine Freude machen kann, so soll es nicht an mir liegen. Du mußt natürlich etwas länger warten, aber das geschieht dir ja recht! Aber einige Urlaubstage habe ich dann doch noch für uns zwei.

Achter Tag

Einer für alle ... alle für einen

Als eine der schönsten Erinnerungen an meine Wanderschaft durch das Kinzigtal darf ich die Erkenntnis mitnehmen, daß hier viele Menschen, meist in der Stille, am Werk sind, durch ihren ideellen Einsatz anderen Wanderern die Schönheit dieser Landschaft zu offenbaren. Der Gutachtalweg oder »Franz-Göttler-Weg« erschließt nicht nur einen herrlichen Flecken Erde, er ist auch wieder ein leuchtendes Beispiel freiwilliger Opferbereitschaft in einer Zeit, in der meist nur noch die persönlichen Vorteile im Vordergrund stehen. In nahezu zweijähriger Arbeitszeit wurde dieser Pfad unter der tatkräftigen und immer wieder aufmunternden Leitung von Franz Göttler durch das Gutachtal bis nach Hornberg gebaut, oft buchstäblich in den harten Granit getrieben. Der Weg vermittelt aber neben seinen landschaftlichen Reizen auch einen Einblick in den einst schwierigen Bau der Fahrstraße von Hornberg nach Triberg und die einmalige Meisterleistung der Linienführung der Schwarzwaldbahn durch Robert Gerwig. Lange fuhr die Postkutsche von Hornberg aus durch das Schwanenbachtal hinauf nach Langenschiltach und dann auf die Baar.

Im Zeitalter der Superlative vergißt man zu leicht oder schmälert die großen Pioniertaten unserer Vorfahren.

Gegen Mittag – ich hatte beizeiten Triberg verlassen – betrat ich den historischen Ort des Hornberger Schießens. Dieses ins Gutachtal eingeklemmte Städtchen gab der Welt ein Schlagwort für etwas, das bei großem anfänglichem Aufwand am Ende nutzlos verpuffte. Jedes Jahr führen die Hornberger jenes Ereignis als Spiel auf der Freilichtbühne im Storenwald auf. Die einstige Herrschaft Hornberg ging Stück für Stück in württembergischen Besitz über. Das Schicksal der oberen und unteren Burg mußten nur zu oft auch die Hornberger teilen. Die Markgrafenschanze erinnert noch heute an die umfangreiche Befestigung der Umgebung des Städtchens mit Linienschanzen und Redouten in den Jahrzehnten um 1700. Lange war Hornberg wichtiger Verkehrspunkt vor dem Aufstieg zur Baar. Dieser Umstand, verbunden mit der Posthaltestelle der Thurn und Taxis, brachte den Hornbergern so manches Scherflein Gold und Silber ein. Später aber, nach vielen Jahren der Entbehrung, siedelte sich dort eine bedeutende Industrie an, die nicht nur den Einheimischen Arbeit gab. Auch hier weist wieder eine Heimatstube auf eine historische Persönlichkeit, auf den Minnesänger Bruno von Hornberg, der aus dem Geschlecht der Herren von Hornberg hervorging. Der große Viadukt der Schwarzwaldbahn brachte im letzten Weltkrieg den Bewohnern ob seiner strategischen Bedeutung Tod und Unheil. Buchstäblich klettert die Stadt in ihrer Aus-

Der Minnesänger
Bruno von Hornberg.

Der Vogtsbauernhof in Gutach,
das Herzstück des Schwarzwälder
Freilichtmuseums.

148

dehnung den Berg hinauf. Sie beherbergt heute Betriebe, die Weltruf erlangten.

Nach der Mittagszeit wanderte ich auf der rechten Talseite Gutach zu. Die heutige Wanderung führte immer bergab. Zudem ließ ich den größten Teil meines Gepäckes in Triberg. Der kleine Zwiebelturm der Gutacher Kirche lockte mich auf den dortigen Friedhof, wo die beiden berühmten Schwarzwaldmaler Liebich und Hasemann ihre letzte Ruhestätte fanden. Sie waren es, die Gutach, den Schwarzwald, das Schwarzwaldhaus und den Bollenhut (deshalb »Gutacher Tracht«) durch ihre Bilder weltbekannt machten. Ich besuchte aber auch das Grab der Heimatdichterin Nanette Stengel und das einer anderen großen Frau, der Sprachlehrerin Marie K. Stehle, die dem »Arabischen Lawrence« die deutschen Sprachkenntnisse vermittelte und später Gutach, wie so viele Fremde, zur Wahlheimat erkor. An der evangelischen Kirche erzählt ein Sandstein von der Heldentat des Johann Jakob Langenbacher, der 1778 dem Hochwasser der Gutach 34 Menschen entriß, dann aber selbst in den Fluten versank. Wie viele Menschen mögen schon bewundernd, aber auch nachdenklich vor dem von Professor Curt Liebich geschaffenen Gefallenen-Ehrenmal in Gutach gestanden haben? Auf meiner heutigen Wanderung kam ich auch am sehenswerten Schwarzwälder Freilichtmuseum »Vogtsbauernhof« vorbei, wo unter der kundigen Anleitung von Professor Hermann Schilli nach und nach viele Schwarzwaldhaustypen Aufstellung fanden.

Da ich ja mit dem Opa einen bestimmten Zug ausgemacht hatte, blieb mir noch Zeit, um in einem Gasthaus nahe dem Bahnhof meinen heutigen Bericht niederzuschreiben, den ich dann dem nächstbesten Briefkasten übergebe. Ich bin nun sehr gespannt, ob der gute alte Opa sein Wort hält und mit mir nach Triberg fährt. Der morgige Tag gibt dann mit seiner Begleitung einen würdigen Abschluß meiner Wanderung. Hätte mir vor acht Tagen einer gesagt, daß ich jetzt noch im Schwarzwald sitze und sogar sehr gerne hier verweile, den hätte ich für verrückt erklärt. Aber die alte Weisheit hat sich wieder einmal bewahrheitet, nach der es erstens meist anders und zweitens als man denkt, kommt! Vielleicht werde ich noch vor diesem Schreiben bei dir sein, bestimmt aber verbringen wir das Wochenende gemeinsam wieder daheim, wenn nicht alles anders kommt . . .

* * *

Auf dem Hausacher Bahnhof standen an diesem Abend nur einige Reisende auf dem Bahnsteig, um mit dem Zuge den Schwarzwald hinaufzufahren. Als der Zug ankam, spähten die Augen Karls eifrig nach einem Zeichen des Opas. Schon wollte er enttäuscht einsteigen und eine kleine Welt der Freude und Hoffnung zwischen die Schienen gleiten lassen. Da entdeckte er am Zugende einen Arm, der hastig ein Taschentuch auf und ab schwenkte. Da der Schaffner aber bereits energisch sein »Bitte, einsteigen!« gerufen hatte, bestieg Karl das nächstliegende Wagenabteil, um dann mit einer gewissen Aufregung durch den Zug nach hinten zu eilen. Es war ihm, als müßte er dem Opa wie einem seiner besten Freunde dankbar über das freudige Wiedersehen die Hände schütteln. Ja, mein guter, alter Opa ist halt ein Kerl, flog es ihm einige Male durch den Kopf . . . Fast hätte man glauben können, Karl habe seit einem halben Jahr keinen Menschen mehr gesehen! Doch was ereignet sich da im letzten Wagen des Zuges?

Zwei Menschen liegen sich in den Armen, drücken, herzen und küssen sich. »Mensch, Evmarie, bist du's, oder sehe ich einen Geist. Evmarie, das ist ja nicht zu glauben!

Sag', wie hast du mich gefunden? Das ist ja ein Wunder!«

Das unverhoffte Wiedersehen wird sehr schnell seine Aufklärung finden, wenn wir den Brief lesen, den unser Karl am anderen Morgen schreibt, während ihm Evmarie, etwas im Verstohlenen lachend, über die Schultern schaut!

Lieber, guter Wanderfreund!

Die Überraschung ist hundertprozentig gelungen! Das Theaterspiel hat bis zum letzten Vorhang geklappt! Alle »Zufälle« waren geschickt eingefädelt und mit dem Mantel des Normalen eingekleidet. Wenn ich daran denke, mit welcher Unschuldsmiene mich der Eisenbahner im Gengenbacher Bahnhof tröstete, nachdem er mich in aller Ruhe einige Zeit beobachtete und dann genau in die Wirtschaft schickte, in der »zufällig« mein Wanderfreund saß, der begierig auf den »schweren Fall« wartete, kommt mir die notwendige Erleuchtung.

Jetzt ist mir klar, warum ich für die zwei ersten, entscheidenden Tage eine Begleitung hatte. Ich muß schon sagen, ich wäre nicht so lange auf meiner Zunge gesessen, ich wäre wahrscheinlich schon im ersten Akt der Komödie über die Bühne gerutscht. Also ich stelle fest, die tägliche »Fürsorge« war ausgezeichnet! Per Telefon konnte ja der junge Bursche ständig überwacht, und der Bericht dann prompt jeden Abend an mein »Täubchen« weitergegeben werden, das so ohne Sorge im geeigneten Augenblick eine »Suchaktion« mit Erfolg starten konnte. Die Frage, warum gerade Gengenbach zum Ausgangsort meiner Wanderung erkoren wurde, braucht jetzt genauso wenig beantwortet zu werden wie die nach dem Zweck des »Hinhalte-Manövers«.

Nun, ich freue mich sehr, daß meine Evmarie einen solch prächtigen Großonkel hat, der fabelhaft in die Bresche sprang, um den in den Griff zu bekommen, der »auszog, das Wandern zu lernen!« Dies ist euch beiden vollständig gelungen. Evmarie und ich blieben über das Wochenende hier und wandern nun doch noch gemeinsam. Geutsche, Stöcklewaldturm, Staude, Rappenfelsen sind ja lohnende Ziele und dann bei dieser Führung! Mensch, mein lieber Opa, wer weiß, ob mich nächstes Jahr nicht »familiäre« Gründe zwingen, nochmals alleine auf Wanderschaft zu gehen. Wem könnte mich Evmarie dann lieber »übergeben« als Dir, unserem großen Onkel?! Für Deine Mühe, jede Szene naturgetreu ins Bild zu bringen, aus dem Saulus einen Paulus zu machen, dankt Dir von ganzem Herzen Dein »Schüler« Karl und bestimmt nicht minder Deine Evmarie.

IV.
Knitze Einfälle

Der listige Fuhrknecht und der Teufel

Am Nordabhang des Urenkopfes bei Haslach erhebt sich aus dem Urenwald ein zerklüfteter Gneisfelsen, dem der Volksmund den phantasiereichen Namen »Teufelskanzel« verliehen hat. Schon von weitem wird dem kundigen Auge dieses Naturdenkmal sichtbar, denn eine mächtige, einzelstehende, sich von der Umgebung deutlich abhebende Eiche, markiert den Standort.

Etwas unterhalb des Felsens an der Bundesstraße wurde ein Waldparkplatz angelegt, von dem ein Rundweg hinauf zur Teufelskanzel führt, die durch ein massives Geländer abgesichert ist.

Ein herrlicher Ausblick auf das am jenseitigen Talhang gelegene Fischerbach mit seiner Michaeliskirche und auf die Kinzigauen zwischen Haslach und Hausach lohnt den Aufstieg.

Im Volke wird erzählt, daß dieses Felsengebilde einmal die Heimstätte des Teufels gewesen sei, der sich in vielerlei Verkleidungen und Verstellungen den Fahr- und Fuhrleuten unten auf der Straße näherte, mit ihnen allerlei Schabernack trieb und besonders in dunklen, sturm- und regengepeitschten Nächten den Menschen Furcht und Grauen einflößte. Günstlinge des Leibhaftigen waren die fluchenden Fuhrknechte, um deren Seele er gerne feilschte.

So zog eines Tages ein wackerer Schwabe mit seinem hochbeladenen Wagen das Kinzigtal hinauf. Unterhalb der Teufelskanzel stellte der Geißfüßige den frohgelaunten Fuhrmann und bot ihm im Gespräch einen Vertrag an, der ihn sehr schnell zu einem reichen Fuhrhalter machen sollte.

Der Teufel versprach ihm sogar ein sorgenfreies Leben bis zum Ende seines 60. Lebensjahres. Dann allerdings wollte der Satan Leben und Seele des Mannes haben. Man wurde bald handelseinig, und der Schwabe setzte mit seinem eigenen Blute drei Kreuze zur Unterschrift unter den Vertrag. Bald

Der Leibhaftige als Schiltacher Fasnachtsgestalt

löste der Teufel sein Versprechen ein und der Fuhrknecht wurde reich und angesehen.

Jahrzehnte vergingen darüber, und der Freund vom Schwabenland dachte nicht mehr an seinen Teufelspakt. Doch als er gegen Ende seines 60. Lebensjahres mit dem Pferdewagen wieder an der Stelle beim Felsen vorbeifuhr, forderte der Höllenfürst seinen Teil. Kurz entschlossen trieb er mit seiner Peitsche die Tiere zur größten Eile an, um schnell über die nahe Bistumsgrenze beim Gschweihloch zu kommen.

Dort glücklich angekommen, rief er zurück, daß der Vertrag auf dem Gebiet des Bischofs von Straßburg unterschrieben worden sei. Jetzt aber befinde er sich auf dem Konstanzer Territorium und deshalb habe die Abmachung keine Gültigkeit mehr. Der geprellte Teufel verschwand im Wald und ward nie mehr gesehen.

Der wunderbare Haussegen

Eitel Freude herrschte in der Familie des Meisters Cölestin. Endlich, nach langer Bauzeit, verbunden mit so manchem Ärger, der Angst, die Gelder könnten dem ständigen Zufluß der Rechnungen nicht standhalten und der Sehnsucht nach dem eigenen Heim, konnte das neue Haus bezogen werden. Zufriedenheit und berechtigter Stolz über das gelungene Werk, über das Ergebnis jahrzehntelanger Mühen, fleißiger Arbeit und sparsamer Haushaltsführung strahlten aus dem Gesicht des biederen Vaters. Sein großer Wunsch, sich und den Seinen ein schönes Zuhause zu bauen, war in Erfüllung gegangen. Er konnte seinem Lebenswerk, seinem irdischen Dasein, die Krone aufsetzen.

Und doch fehlte ihm noch eine Kleinigkeit, ein winziges, aber für ihn nun einmal sehr wichtiges Mosaiksteinchen am soeben vollendeten Bau. Obwohl die Kirchenstufen durch ihn nicht gerade besonders ausgetreten wurden, hielt er es doch ernst mit seinem Glauben und zog deshalb öfters zur stillen, einsamen Andacht hinauf zur etwas versteckten alten Wallfahrtskapelle auf dem Berg. Ja, die biblischen Worte, wonach die Handwerker vergebens arbeiten, wenn der Herr das Haus nicht baut, sollten jetzt für den schon ergrauten Meister mit Odem erfüllt, faßbare Wirklichkeit werden.

Deshalb bat er den ebenfalls schon gealterten Pfarrherrn, für dessen Kirche er schon so manche Arbeit um Gotteslohn verrichtet hatte, er möge doch sein neues Haus einsegnen, wie es seit eh und je Brauch sei. Gerne wurde dies zugesagt, öfters das Versprechen erneuert, aber letztlich doch nicht gehalten, gewiß nicht mit Absicht.

Als dann später ein neuer, jüngerer Geistlicher den Fuß in das Kirchspiel setzte, wurde auch ihm bald die Bitte unterbreitet, den Neubau zu segnen. Hocherfreut über ein solches Zeichen volkstümlicher Frömmigkeit, versprach der Pfarrer, bei nächster Gelegenheit die Weihehandlung an Ort und Stelle vorzunehmen. Obwohl er wie sein Vorgänger auch immer wieder einmal die Dienste des Handwerksmeisters in Anspruch nehmen mußte, erinnerte er sich nicht mehr an den Auftrag, und der Cölestin seinerseits wollte nun auch nicht als lästiger Bittsteller in Erscheinung treten. Deshalb blieb das Haus auch weiterhin ohne den priesterlichen Segen.

Als dann zur Sommerzeit ein höherer geistlicher Würdenträger zum wiederholten Male das Tal zu erholsamen Ferientagen aufsuchte, erzählte ihm der enttäuschte Häuslebauer bei einem guten Viertele von seinem bisherigen Mißgeschick und trug nun ein drittes Mal sein Anliegen vor. Er fand sofort Gehör, und es wurde gleich ein Termin ausgemacht. Die Weihe, auf den Abend anberaumt, sollte ein kleines Familienfest werden, zu dem die Hausfrau ihre fürsorgliche Vorbereitungen traf. Allein, auch dieser Schlag ging ins Wasser. Man wartete zunächst gespannt und erwartungsvoll, dann aber doch vergebens auf den hohen Gast . . .

Viel Wasser floß nun wieder durch das Tal, während das lodernde Feuer der Begeisterung für den Haussegen im Herzen des Cölestin zwar nicht gänzlich erlosch, aber doch nur noch zur schwelenden Glut unter der Asche zusammensank.

Wieder einmal hatte er sich in einer ruhigen Stunde in sein seit Jahren anwachsendes Raritätenkabinett auf den Speicher zurückgezogen. Da krustelte er mit Liebe und wachsender Ausdauer in seinen Kisten und Schränken herum, nahm dieses zur Hand, freute sich über jenen Zeugen längst vergangener Zeiten. Dabei versank der Musensohn nach und nach in das Meer der Erinnerungen, das ihn zwar vorübergehend der Gegenwart entrückte, seinen Geist aber im wohligen Gefühl des Geborgenseins schwelgen ließ.

Dann aber rannte er plötzlich mit einem verstaubten, eingerahmten Bild die Treppen hinunter in die Wohnung zu seiner Frau und hielt ihr die Tafel hin: »Do, Mueder, unser Hus isch

Der wunderbare Haussegen.

jo scho vor langer Zit gesegnet wore . . .«, erklärte er fast außer Atem und voller innerer Erregung. Etwas zweifelnd und ungläubig bestätigte ihm darauf die Gattin, daß es sich hier zwar um ein altes Erinnerungsstück an die Erste Heilige Kommunion mit der Darstellung des Herzens Jesu handelte, doch eine Segnung des Hauses könne sich damit nicht in Verbindung bringen lassen.

Doch der biedere Handwerksmeister ließ nicht ab und deutete mit einem überlegenen, fast triumphalen Lächeln auf einen kleingedruckten Spruch hin, den er nun voll Inbrunst vorlas: »Ich werde die Häuser segnen, wo das Bildniß meines Herzens aufgestellt und verehrt wird. – Worte Jesu an die selige Margaretha Maria Alacoque«. Dann fuhr er im Brustton der Überzeugung und mit kindlicher Freude fort: »Siesch, jetzt bruche mir kei Pfarrer meh, de Härrgott sälber hät unser Hus gsegnet . . .«.

Sofort holte Meister Cölestin Hammer und Nagel und gab dem unerwarteten, aber doch etwas »wundersamen Haussegen« einen Ehrenplatz in seinen Mauern. Dann setzten sich beide auf die gemütliche Eckbank und schauten zunächst gemeinsam die Bildtafel an, bis sich die Augenpaare zu einer innigen Zwiesprache trafen. Zwischendurch fuhr ihm sein Weiblein zärtlich über die schon zerfurchte Wange, als wollte sie noch einmal dafür danken, daß er unter soviel Mühen der Familie ein neues Heim geschenkt hatte.

Als mir später der Cölestin diese Geschichte erzählte, bat er mich: »Bruchsch des aber nit gli widder ufschriebe!« Das »Gli« konnte ich beherzigen, das andere ist jetzt geschehen. Er möge es mir verzeihen, der gute Cölestin . . .

Es lebe der Großherzog!

Im August des Jahres 1826 wurde die Straße von der Biberacher Kinzigbrücke bis zum Löwen auf der Paßhöhe fertiggestellt. Als dann genau ein Jahr später die Arbeiten am Straßenstück vom sogenannten Seelbacher Hochgericht bis zur Höhe abgeschlossen werden konnten, wurde die neue »Kunst- und Handelsstraße« zwischen Schutter- und Kinzigtal am Namenstag des Großherzogs als großem Freund und Förderer dieses Projekts am 25. August 1827 feierlich »dem Verkehr übergeben«.

Natürlich kam der Großherzog Ludwig persönlich zur Einweihung. Ein Augenzeuge will uns glaubhaft berichten, daß man die spalierbildende Schuljugend eindringlich gemahnt habe, laut zu rufen: »Es lebe der Großherzog!« bis er durch ist. Voll Begeisterung rief dann die Jugend beim Eintreffen Seiner Königlichen Hoheit getreu der vorausgegangenen Belehrung: »Es lebe der Großherzog – bis er durch ist!« »Es lebe der Großherzog – bis er durch ist . . .!«

In den Aufzeichnungen des Lahrer Amtmannes Stein lesen wir folgenden Eintrag: ». . . Mit Lust verweilet das Auge nun

Die Ludwigssäule mit der Hohengeroldseck.

160

auf dem herrlichen Werke und sieht verwundert den schnellen Flug der Chaisen und den ruhigen, gleichförmigen Gang der schwersten Lastwagen, wo sonst nur kleine Gefährte mit Anstrengung sich durcharbeiteten. Dieses Meisterstück der neuen Kunst wurde am Namensfeste unseres Großherzogs feierlich eröffnet und unter Jauchzen einer zahllosen dankbaren Menge geschmückt«.

»Fortan brauchten die 20 000 Zentner Lahrer Ware, die ostwärts verfrachtet wurden, nicht mehr den Umweg über Offenburg nehmen. Bis zum Jahre 1843 begegnete den Lahrer Fuhrleuten der »Postkarren«, auf dem täglich die Post von Lahr nach Biberach befördert wurde, bis der Schienenstrang die Industriestadt Lahr erreicht hatte. Droben aber auf der Paßhöhe wurde mit Erlaß des Großherzoglichen Ministeriums vom 28. Oktober 1828 für 300 Gulden eine heute noch sichtbare Gedenksäule errichtet. Darauf lesen wir: »Unter der Regierung Ludwig Großherzog zu Baden wurde diese Straße erbaut Anno 1827«.

Der Doppelverdiener

Wenn man in Hausach die früheren Originale aufzählen müßte – es gäbe bestimmt eine lange Reihe –, dürfte der »Sebiat« nicht fehlen. Schon sein Name fällt aus dem üblichen Rahmen und könnte sich als liebkosende Abkürzung von Sebastian ableiten, einem volkstümlichen Heiligen, der im Kirchspiel seit Jahrhunderten große Verehrung genoß. Unser Sebiat gehörte zum ehrbaren Stamm der Eisenbahner, die dem Städtchen immer mehr das Gepräge gaben, nachdem die Bahn unter der Burg Husen vorbeischnaubte und dann den Weg den Schwarzwald und das Kinzigtal hinauf gefunden hatte.

Bei der Bahn beschäftigt zu sein hieß, eine gesicherte Existenz zu haben und innerhalb der Bürgerschaft im Ansehen zu stehen. Deshalb hatten die heiratslustigen Mädchen bei ihren

161

Eltern ein leichtes Spiel, wenn sie erklären konnten, daß ihr Liebster »bi de Bah isch«. Eine gewisse gehobene Stellung im Kreise der Eisenbahner nahmen die Lokomotivführer ein, denn sie zählten zu den höchstbezahlten Beamten im Städtchen und konnten sogar geschniegelt und gebügelt mit Krawatte zum Dienst erscheinen, nachdem zuvor der Heizer die Dampflok betriebsbereit gemacht hatte. Die Wohlhabenheit der Lokführer zeigte sich dann auch im Bau eines Eigenheimes, das fast einer nach dem anderen erstehen ließ.

Zu dieser achtbaren Gilde der Lokomotivführer gehörte der Sebiat. Noch mehr, durch die Schichtarbeit und die »Ruhetage« verfügte er über viel Freizeit, die er als Weidmann zusammen mit dem »Steinhauer-Fridlin« und dem »Steinhauer-Sepp« gerne draußen in Gottes freier Natur verbrachte. Doch ein guter Jäger ist er nie geworden, und das räumte er gerne ein, denn er brachte es nur sehr schwer über das Herz, einem Tierlein, der Kreatur des Herrn, ein Leid anzutun. Deshalb sprach er stets beim Anlegen der Flinte: »O, Häsle, hau ab, sunsch mueß i di verschieße!« Mehr Glück hatte dafür der Sebiat beim Angeln und Fischen. Darum konnte er immer wieder hinter dem »Ratskeller« zusammen mit dem Wirt aus einem großen Zuber die gemeinsam gefangenen Fische den Hausacher Frauen zum Kauf anbieten. Seine besondere Liebe aber galt dem deutschen Lied. Er war deshalb nicht nur eine unentbehrliche Stütze im heimischen »Liederkranz«, vielmehr quoll sein Herz über, wenn irgendwo Gesang zu hören war.

Auch konnten sich die Hausacher, besonders die Kinder, über seine Spendierfreudigkeit nicht beklagen. Vornehmlich während der »Hohen Feiertage«, der »Fasnet«, ließ er so manche Mark springen, oder er verließ im »Burghof« flugs die frohe Runde und rannte zum »Metzger-Winterer«, um dort einige Meter »Servelat-Würstchen« zu kaufen. In die heimelige Wirtsstube zurückgekehrt, öffnete er das Fenster und verteilte den Wurstsegen an die Vorübergehenden.

Der knitze und doch
ehrbare Sebiat.

Zur sprichwörtlichen Freigiebigkeit gesellte sich aber im
häuslichen Raum auch die Sparsamkeit, die man jedoch nicht
mit Geiz vergleichen kann, denn wenn die Hausfrau vorstellig
wurde mit: »He, Sebiat, mir bruche des un säll«, dann knau-
serte er auch nicht. Nur auf einem Gebiet zeigte er sich uner-
bittlich: die Kassenführung blieb ihm alleine vorbehalten,
ebenso der Einblick in die Finanzen.

Nur einmal mußte er kurz das Heft aus der Hand geben, als
ihn eine schwere Krankheit ans Bett fesselte und er nun wohl
oder übel seine Frau an den Bahnhof schickte, um den
Monatslohn abzuholen. Als das treue, geschaffige Weiblein,
das nie im Leben je einen Gehaltsstreifen ihres Mannes gesehen hatte, auf die Bahnhofskasse kam, mußte sie beim Aufzählen des Geldes zunächst Mund und Augen weit aufsper-
ren. »Des ka nit stimme, gucke doch noch ämol, ihr hen eich

bstimmt verrechnet. Sovill Gäld verdient doch nit mi Sebiat«, wehrte die Frau ab und wollte den Kassierer vor Schaden bewahren. Aber es stimmte, wies doch auch der Gehaltszettel die gleiche Summe aus.

»Du, Sebiat«, drang deshalb die Ehegefährtin nach der Rückkehr in den armen Sünder ein, »des ha i jo gar nit gwißt, daß du so ä Huffe Gäld verdienst. Vu däm häsch du mir nie ebbis vezellt, du häsch bloß allbott gjommert un . . .«. Je länger die Predigt dauerte, um so tiefer sank der Sebiat in die Kissen und wäre am liebsten in den Federn verschwunden. Dann aber holte er tief Luft, seine listigen Äuglein wurden noch kleiner, und langsam schob er sich wieder aufwärts, um treuherzig, arglos und im Ton der Überzeugung gleichsam das Gewitter beruhigend, zu entgegnen: »Weisch, Mueder, de bruchsch nit so mit mir debere un schelte. Weisch«, und jetzt schluckte er noch einmal, damit seine Worte auch an entsprechendem Gewicht zunahmen, »des Gäld ghert nit mir allein. Mit däm Gäld mueß i noch de Heizer zahle, un no bliebt nimmi vill iebrig . . .«.

Des Sieges gewiß, huschte ein schalkhaftes Lächeln über das Gesicht des Kranken. Langsam sank er in die Kissen zurück und freute sich, daß der Heizer seinen Ehefrieden gerettet hatte.

Des Wirts Töchterlein

Im Einbacher Dörfle, bei Hausach, steht dicht am munter rauschenden Talbach das »Gasthaus zum Hirsch«. Im Volksmund spricht man jedoch nur von der »Monika«, dem Vornamen der Wirtin.

Im Zweiten Weltkrieg waren hier im »Hirsch« Soldaten einquartiert, denen natürlich, wie könnte es anders sein, die Tochter des Hirschwirts, die Monika, »roh lieber war als der Vater gebraten«, wie man scherzhaft im Kinzigtal sagt. Kurzerhand – man wird den Durst zuvor nicht am Dorfbach gestillt haben! – überstrichen die Grauröcke das Wort »Hirsch« an der Hauswand und ersetzten es durch »Monika«, eine Bezeichnung, die seither diesem Landgasthaus verblieben ist.

Der erste Schultag

Die Streusiedlungen mit den weitab vom Dorfkern in den hintersten Zinken der Täler oder auf den Höhen gelegenen Bauernhöfen sind auch ein Wesensmerkmal des Schwarzwaldes. Mit dem Beginn der Schulpflicht wurde den Kindern auf diesen Höfen meist ein kleines Joch auferlegt: Zu Fuß eine bis zwei Stunden einfacher Schulweg! Dazu noch die Höhenunterschiede, jahrein, jahraus, bei Wind und Wetter, Schnee und Eis. Doch diese Buben und Mädchen kamen selten zu spät oder fehlten höchstens bei äußerst ungünstigen Witterungsverhältnissen. Durch die Konzentration der Schulen und die damit verbundenen Busfahrten werden jetzt die Schulwege dieser Kinder gekürzt.

Hoch oben auf der Gumm wohnte der Theodor. Da er ein »Nochwiesele« war – das letztgeborene Kind, das nach Jahren seinen älteren Geschwistern folgte – wuchs er nicht nur einsam, sondern auch von allen »verhätschelt« und umsorgt, aber doch auch alleine auf. Als ihn die Mutter erstmals in die weit im Tal gelegene Dorfschule brachte, setzte er sich schüchtern in die letzte Bank, und die Tränen saßen ihm sehr locker unter den Lidern. Vergeblich versuchte der Lehrer den verängstigten Neuling zu trösten und ihm die Scheu und Angst vor der Schule zu nehmen, denn vielleicht wurde auch dem Bergbüblein gesagt: »Wart' nur, bis in d'Schuel kummsch . . .!«

Zuletzt nahm der Dorflehrer das Büblein väterlich in den Arm: »Kumm, Thedorle, jetzt sag mr ämol, was du am liebste hätsch!« Und der Lehrer zählte so alles auf, was ein Kinderherz erfreuen könnte. Doch der Erstkläßler schwieg, denn er wollte sich auch nicht vor seinen Kameraden äußern. »Thedorle«, ermunterte der Schulmeister nochmals seinen Schützling, »du derfsch mr's sogar ins Ohr sage«. Jetzt faßte sich der Bub ein Herz und flehte zaghaft kaum vernehmbar: »Herr Lehrer, i will widder heim«.

Später wurde aus dem Theodor ein tüchtiger Ingenieur und aus seinem Lehrer ein Schulrat.

Wie ging das Hornberger Schießen aus?

»Hornberg! – Hornberg!« ruft der Schaffner mit seiner kräftigen durchdringenden Stimme, die uns zum Verlassen des Zuges mahnt, nachdem wir die Einmaligkeit der Schwarzwaldbahn-Strecke mit ihren vielen Tunnels, Kehren und Brücken, aber auch ihren landschaftlichen Reizen und Schönheiten erlebt haben. 1873 wurde die von Robert Gerwig erbaute Schwarzwaldbahn zwischen Hausach und Villingen als letztes Bindeglied der Eisenbahnstrecke Konstanz – Offenburg mit dem Prädikat »der schönsten und interessantesten Gebirgsbahn Deutschlands« eröffnet.

Schnell haben wir das freundliche Bahnhofsgebäude durchschritten, und schon liegt uns das von majestätischen Bergen umsäumte etwa 5000 Einwohner zählende Städtchen Hornberg, das sich hier in die Talschaft eingezwängt hat, einladend zu Füßen. Mitten durch die städtische Anlage rauscht die Gutach, die weit oben bei Schönwald dem Tannenmeer am Stöcklewald enteilt. Wenig später stürzt sie kaskadenhaft über die mächtigen Felsenstufen der Triberger Wasserfälle tosend und schäumend zu Tale, um dann westwärts der Kinzig zuzueilen.

Ihr Einzugsgebiet von der Quelle bis zur Mündung umfaßte jenes Gebiet, das um 1083 von König Heinrich IV. dem Schwaben Adelbert von Ellerbach gegeben wurde, auf daß er diesen Teil des Schwarzwaldes urbar mache und gleichzeitig eine Wegverbindung zwischen dem Neckar und dem Rhein durch das Gutachtal herstelle. Hoch über dem Tal auf einem schützenden und aussichtsreichen Felsen ließ er sich seine Burg als Wiege und Heimstätte der Herren von Hornberg bauen. Noch heute erinnern die Namen »Unterer Schloßfelsen« mit den kärglichen Überresten der Burg und »Alt Hornberg«, eine kleine Siedlung, an jene Epoche. Im 13. Jahrhundert zerfiel der Besitz in die Herrschaften Triberg und Hornberg, wobei die beiden Adelsgeschlechter im Hinblick auf den gemeinsamen Ursprung die zwei typischen Hörner ihrem persönlichen Wappen hinzufügten.

Die Neu-Hornberger Herren verlegten ihren Wohnsitz von der Höhe hinunter an die Einmündung des Reichenbaches in die Gutach und gründeten zu Füßen ihrer neuen Stammburg das Städtchen Hornberg. Einer der Burgherren bestieg den Pegasus und wurde als Bruno von Hornberg der einzige Minnesänger des Schwarzwaldes. Vier seiner Gedichte sind in der Manessischen Liederhandschrift erhalten. Die späteren Herren von Hornberg konnten anscheinend mit Geld nicht so richtig umgehen, so daß ihnen im 15. Jahrhundert das »Pulver« ausging und sie nach und nach ihren Besitz an die Württemberger veräußern mußten, bis 1458 ihr ganzes Hab und Gut dem württembergischen Grafen gehörte.

Unser Blick fällt auf den gegenüberliegenden Schloßberg, auf dem etwa seit 1290 zwei Burgen standen, deren Ruinen zu uns herübergrüßen. Während der Reformation soll sogar der bekannte schwäbische Reformator Johannes Brenz als verkappter Burgvogt Huldrich Engster über den Mauern der Stadt Zuflucht vor seinen Verfolgern gefunden haben. In der zweiten Hälfte des 18. Jahrhunderts diente das kurz zuvor auf dem Burgberg errichtete Barockschloß der unglücklichen Schwester des württembergischen Herzogs Karl Eugen, Auguste Elisabeth, regierende Fürstin von Thurn und Taxis, als Verbannungsort.

Unsere umherschweifenden Augen erkennen aber auch, daß das Industriezeitalter in Hornberg Einzug gehalten hat und – wie uns versichert wird – die Elektronentechnik der Firma Schiele neben dem traditionellen Duravit-Keramik-Werk, Weltruf genießt.

Nun fragen wir einen jungen Mann, der gerade des Wegs kommt, wo das Freilichtspiel vom »Hornberger Schießen« aufgeführt wird. Wie oft ist uns das bekannte Sprichwort, wonach etwas »ausgeht, wie das Hornberger Schießen« im Alltag, in unserem Leben schon begegnet! Deshalb wollten wir einmal an historischer Stelle die Geschichte, das Spiel von dieser sprichwörtlichen Begebenheit, erleben. »Ich nix wissen, ich nur arbeiten hier«, antwortete der Gastarbeiter mit dem sichtlichen Ausdruck des Bedauerns, uns keine andere Auskunft geben zu können. Doch ein von ihm herbeigerufener Freund erklärt uns bestens den Weg zum gegenüberliegenden Storenwald, den wir wenig später erreichen.

Da wir zu den ersten Gästen der sonntäglichen Aufführung gehören, kann unsere Neugier gestillt werden, zumal wir, wie sich sehr schnell herausstellt, den richtigen Mann erwischt haben, den Bäckermeister Walter Aberle, der im nachfolgenden Spiel einmal als »Nachtwächter« die tragende Rolle spielte, die ihm als Vorsitzender des örtlichen Historischen Vereins geradezu auf den Leib geschrieben wurde.

»Jo, wisse Se, des isch so gsi . . .«, hebt der erzählfreudige Mehlwurm an, und in seiner etwas näselnden Stimme, seinem schwäbisch gefärbtem Dialekt spürt man, daß die Hornberger über Jahrhunderte hinweg bis 1810 in einer wichtigen württembergischen Amtsstadt wohnten. Dann sprudelt es aus dem begeisterten Herzen des biederen Meisters hervor, und wir erfahren, wie im Sommer 1955 unter dem Vorsitz von Brauereibesitzer Albert Ketterer auf der mit viel Idealismus geschaffenen Freilichtbühne »Das Hornberger Schießen« uraufgeführt wurde. Den Text hat der kurz zuvor aus der Kriegsgefangenschaft heimgekehrte Hornberger Friseurmeister Erwin Leisinger – in seiner Art ein Nachfahre von Hans Sachs – 1954 mit einem feinen Gespür für eine volkstümlich-spannende,

Auf der Freilichtbühne: Der Herzog läßt seinen Besuch ankündigen.

aber auch farbenprächtige Handlung, geschrieben. Die Regie über die Laienkräfte führte der Amtsarzt des damaligen Landkreises Wolfach, Obermedizinalrat Dr. Georg Schiffmann. Das Spiel, das sich in seinem Kern an die vom Volke überlieferte »historische« Begebenheit hält, kam sehr gut an und konnte über Jahre hinweg das weite Rund der Zuschauerränge füllen.

Als man 1964 mit einer Festwoche »10 Jahre Freilichtspiele« feierte, stand im Vordergrund das Jubiläum »400 Jahre Hornberger Schießen«. Es wird nämlich behauptet, daß im Jahre 1564 der württembergische Herzog plötzlich den Wunsch äußerte, dem Amtsstädtchen Hornberg in der Südwestecke seines Landes einen Besuch abzustatten, womit das Verhängnis für die Bürger seinen Lauf nahm, den Namen des Schwarzwaldstädtchens aber bis zum heutigen Tage ob des geflügelten Wortes in aller Munde legt.

Mit berechtigtem Stolz konnte die wackere Spielgemeinschaft sogar den Markstein »25 Jahre Freilichtspiele – Hornberger Schießen« setzen und dabei auf mehr als 150 Aufführungen zurückblicken, in denen neben den Einheimischen die vielen im Städtchen weilenden Kurgäste und die mit Sonderzügen herbeigeeilten Zuschauer das humorvolle Geschehen verfolgten.

Das Spiel beginnt. Es zieht auch uns sehr schnell in seinen Bann, als der in die Szene hineingaloppierende Landsknecht hoch zu Roß vor der malerischen Kulisse mit dem Prolog anhebt:

»Allhier in unsrer kleinen Stadt
sich einstmals zugetragen hat,
daß auf der Reis' durchs Land
der Herzog seinen Weg herfand.
D'rob waren alle Bürgersleut'
in unser'm Städtchen hoch erfreut,
und keiner wollt' beiseite stahn.
Bald hub ein emsig Rüsten an,
damit der Herzog hinterher
mit allem auch zufrieden wär'.
Ein' Tagreis in der weiten Rund'
macht' man bekannt die frohe Kund'
und lud zu diesem großen Fest
von überall her viele Gäst'.
Was dann geschah und wies geschehn,
kann man bei uns in Hornberg sehn.
Jedwedes Kind auf der weiten Erd'
vom Hornberger Schießen schon hat gehört.
Das Pulver ging aus zur schönsten Stund,
so daß man nicht mehr schießen kund.«

Mit Begeisterung und hinreißender Selbstironie über die Schwächen ihrer Vorfahren verleihen die Laienakteure ihrem Part Leben und Glanz. Immer mehr gewinnt Gambrinus, durch die Gluthitze des Sommertages unterstützt, Gewalt über die pflichteifrigen Mannen. Deshalb glaubt der von der

Burgzinne herabspähende Nachtwächter Lauble in jeder Staubwolke, in jedem Gefährt den herzoglichen Gast mit Gefolge zu vermelden. So werden nacheinander eine Rindviehherde, eine Postkutsche und ein Krämerkarren als der vermeintliche hohe Gast aus dem Schwabenland mit einer ohrenbetäubenden, die ganze Talschaft erfüllenden Kanonade empfangen.

Als dann wirklich das Herzogenpaar in die Stadt einzieht, ist alles Pulver verschossen, die Kanonen müssen schweigen, und das eilig inszenierte Piff-Paff-Bumm der Bürger kann der Landesherr nur als einen üblichen Narrenstreich ansehen. Doch seiner Strafpredigt folgt das versöhnende Wort, und damit finden auch die fein in die eigentliche Handlung eingewobenen Zänkereien, Seitensprünge und Liebeleien noch ein gutes Ende. Das Spiel ist aus, die Hornberger haben ihre Sache fein gemacht, und hochbefriedigt ziehen die Gäste wieder vom historischen Ort des Hornberger Schießens von dannen.

Da uns aber durch das herrliche Spiel die Wißbegierde noch mehr gepackt hat, wollen wir dem geschichtlichen Kern des Sprichworts noch etwas mehr nachspüren, ohne dabei jedoch dem Spiel, den Spielern, den Verantwortlichen oder gar den Bürgern des einstigen Amtsstädtchens zu nahezutreten. Doch wer sich so freimütig selbst zum Narren hält, in dieser befreienden, ja entwaffnenden Art im Spiel vor der eigenen Türe kehrt, der schaut gelassen vom hoch über der Stadt aufragenden Windeckfelsen ins Tal, wobei in den Akten von den Historikern über Dichtung und Wahrheit gestritten wird.

Wir nehmen die Hornberger Annalen zu Hand, die von Dr. Karl Leopold Hitzfeld verfaßte Stadtchronik. Danach ist der Besuch eines württembergischen Herzogs im Jahre 1564 urkundlich nachzuweisen. Zwar wollen einige Vermutungen den Ursprung eines Hornberger Schießens in dieses Jahrhundert legen. Dagegen läßt sich ein anderes Ereignis nachweisbar im Jahr 1647 feststellen: Die Hornberger Schützengilde lud durch ein umfangreiches Schreiben die schußerprobten Vereinigungen aus nah und fern zu einem fünftägigen volksfestartigen Schützenfest ein, zu dem überaus große Vorbereitungen getroffen wurden.

Doch bevor die ersten Schützengruppen eintrafen, verbreitete sich in der Stadt der Schreckensruf, daß plündernde und mordende Schweden das Gutachtal hinaufziehen wollten. Noch war der Dreißigjährige Krieg nicht zu Ende, und die Angst vor der Soldateska lag auch den Hornbergern im Nakken. Deshalb verließen die Bürger panikartig ihre Anwesen und flüchteten in die unzugänglichen Wälder, um dort den Überfall der Schweden zu überleben.

Die vermuteten Feinde erschienen aber nicht, dafür strömten nacheinander die eingeladenen Schützenvereine voller Erwartung und Festesfreude in die menschenleere Stadt, um mit den Hornbergern das angesetzte Preisschießen zu begehen. Als sich jedoch keine Seele zeigte, zogen die Schützen entmutigt und genarrt von dannen. Keiner hätte sich ja im Traum einfallen lassen, daß so das prunkvoll angezeigte »Hornberger Schießen« ausgehen würde . . .

So steht der gesicherten Historie der etwas phantasievolle, aber doch glaubhafte Schwank gegenüber, der seit eh und je im Volke vom »Hornberger Schießen« erzählt wird und die Bürger zu ihrem glanzvollen Spiel beseelt und beflügelt hat. Selbst Schiller setzte diesem Geschehen in seinen »Räubern« 1781 das erste bekannte literarische Denkmal, in dem er Spiegelberg zu Räuber Mohr sagen läßt: »Da ging's aus wies Schießen zu Hornberg und mußten abziehen mit langer Nase.«

Zuvor aber besuchte wirklich ein württembergischer Herzog – es war Karl Eugen – am 23. Juni 1770 seine Hornberger Amtsstadt, wo er mit Jubel und Freude von seinen Untertanen begrüßt wurde. Ein Augenzeuge berichtet: ». . . Von der Festung wurde geschossen und . . . mit allen Glocken gelitten. Der Herzog wurde am Tor zu Hornberg sowohl von der weltlichen als geistlichen Obrigkeit mit einer Rede empfangen. Die Kinder von beederly Geschlecht stunden Spalier mit der Bürgerschaft, nach ihrer Art wohl angezogen, und hatten die Kinder kleine Körbe in der Hand, aus welchen sie dem Herzog Blumen auf den Weg streuten und dabei ausriefen: ›Vivat der Herzog von Württemberg!‹–«

Nachdem der hohe Gast mit den Honoratioren Kaffee getrunken hatte, ritt er mit seiner Begleitung das Offenbacher Tal hinauf, um den höchstgelegenen Berg seines Herzogtums, den 970 m hohen Hauenstein (den hohen Stein) zu besteigen. Zur Erinnerung an diesen herzoglichen Ritt, vor allem die Besteigung, wurde auf dem höchsten Punkt des Felsens ein Gedenkstein errichtet, der sogenannte »Karlstein«, der den bisherigen Bergnamen verdrängte.

Weniger vergessen wurde die im Volke verwurzelte Geschichte vom mißglückten Herzogsempfang. Um die letzte Jahrhundertwende kam eine Postkarte vom »Hornberger Schießen« 1594 mit Zeichnung und Vers auf den Markt. Als später den Hornbergern im Inflationsjahr 1922 das »Pulver« ein andermal ausging, zierte eine Darstellung jenes folgenschweren Ereignisses ihr Notgeld, wobei die leere Pulverkiste unschwer verständlich auf das große Loch in der Stadtkasse hinwies. Im Juli 1955 wurde das Sprichwort, mehr noch die Erinnerung an jene Tat der Väter, mit der die Stadt »Weltruhm« erlangte, durch einen ansprechenden Stadtbrunnen für alle nachfolgenden Generationen und Zeiten in Stein verewigt.

Langsam steigt der Abend von den Bergen ins Tal. Wir stehen wieder vor dem Hornberger Bahnhof, schauen noch einmal in die Stadt hinunter, grüßen den Schloßberg auf der Gegenseite und lassen uns im Anblick des Storenwaldes das Spiel und Geschehen vom Hornberger Schießen in unseren Gedanken wachrufen, bis uns die Stimme auf dem Bahnsteig ermuntert: »Bitte einsteigen und die Türen schließen«. Während die Räder anrollen, greift die Hand zu einem Festbüchlein, das wir am Nachmittag erhielten.

Durch verschiedene Szenenbilder erstehen erneut die kraftvollen Gestalten des Spiels zum Leben. Dann gleiten die

173

Dieser Brunnen in Hornberg will an das legendäre Hornberger Schießen
erinnern.

Augen über, »das Lied vom Hornberger Schießen« des Stadt-
poeten Leisinger:

> Wir grüßen Euch Ihr Gäste all'
> in unser'm schönen Gutachtal!
> Wo man das Pulver einst verschoß,
> steht auf dem Berge stolz das Schloß.
>
> Als just der Fürst aus Schwaben kam
> und seinen Weg durch Hornberg nahm,
> passierte eine Narretei,
> man schoß mit Pulver und mit Blei.
>
> Die Bürger soffen sich erst voll
> und knallten in die Luft wie toll.
> Jedem Scherenschleifer, Vagabund
> tat man solch' hohe Ehre kund.
>
> Doch als der Fürst dann ritt daher,
> da hatten sie kein Pulver mehr.
> Sie wollten trotzdem ihn erfreu'n
> und taten feste »piff-paff« schrei'n.
>
> Der Fürst, hierüber sehr entsetzt,
> hielt sich in seiner Ehr' verletzt.
> Er warf sie in den Turm hinein,
> dort konnten sie dann »piff-paff« schrei'n.
>
> Drum die Moral von der Geschicht':
> Verschieß zu früh dein Pulver nicht!
> Ein Leben – stets in Saus und Braus –
> geht wie das »Hornberger Schießen« aus.

Wahrlich, unser Besuch bei den Hornbergern ging nicht aus
wies »Hornberger Schießen!«

175

Die billige Auskunft

Nach der Eröffnung der Bahnlinie Hausach-Wolfach, noch mehr nach der Inbetriebnahme der gesamten Strecke von Hausach bis nach Freudenstadt, wurde Hausach ein wichtiger Umsteige-Bahnhof für die Weiterreisenden aus dem Kinzigtal in Richtung Villingen und Offenburg oder für die Ankommenden, die kinzigaufwärts fahren wollten. Ein geräumiger Wartesaal nahm die Reisenden auf, die sich die Zeit bis zur Abfahrt des Zuges nicht im gegenüberliegenden Bahnhotel bei einem Schöpplein verkürzen wollten.

Noch heute erinnert man sich in Hausach an ein Eisenbahner-Original, das neben dem Zwicken der Fahrkarten noch als sogenannter »Zug-Abrufer« die Aufgabe hatte, den Leuten im Wartesaal die Ankunft und damit auch die baldige Abfahrt des jeweiligen Zuges zu verkünden. Dadurch wurden die Fahrgäste der Sorge enthoben, durch die lange Warterei doch noch die Abfahrt des Zuges zu verschlafen oder zu überhören. Kurz vor dem Einlaufen des Zuges öffnete also unser »Billetzwikker« die Tür des Wartesaales, ließ seine Blicke die Runde drehen und rief dann laut vernehmlich' »Er kunnt! – Er kunnt! Dann verschwand er wieder und fertigte die Reisenden an der Sperre ab. Wieder einmal betrat der Eisenbahner pflichtgemäß den Wartesaal, um mit seiner etwas hohen und damit ungewohnten Männerstimme sein schablonenhaftes, seelenloses »Er kunnt« auszubringen. Da sprang plötzlich von der Bank ein Mann auf und erkundigte sich in einem tadelsfreien Deutsch mit rheinischem, melodiösem Klang beim zunächst verdutzten Abrufer: »Ach, entschuldigen Sie bitte, könnten Sie mir sagen, wer denn da kommt oder kunnt . . .?« Kurzerhand, den Fragenden von oben bis unten messend, als habe er den Kaiser von China beleidigt, sprudelte es zur Auskunft: ». . . ha de Zug, du Latschi . . .!«

Die eilig und lautstark ins Schloß fallende Tür des Wartesaals ließ keine Möglichkeit zum Widerspruch aufkommen.

176

V.
Prägende Gestalten

Der badische Andreas Hofer

In der Riedgemeinde Kürzell nahe bei Lahr kann man am Gasthaus »Zum Kreuz« eine Gedenktafel erblicken, die darauf hinweist, daß in diesem Haus ein gewisser Johann Georg Pfaff wohnte. Wahrscheinlich, so denkt der Unwissende, muß dieser einstige Wirt einmal eine bedeutende Persönlichkeit gewesen sein, die es wert ist, durch diesen Hinweis der Nachwelt erhalten zu bleiben. Allerdings stand die Wiege dieses »Volkshelden« nicht in diesem Dorfe, sondern im Hinteren Giesenhof, der einst in einem Nebentale nahe Reichenbach bei Lahr gestanden ist. Das kleine Seitental, in dem früher einmal die Schläge von Hammer und Schlegel zu hören waren, durchziehen die munteren Wasser des Giesenbaches, der in die Schutter mündet.

Schon in der Reichenbacher Dorfschule stellte der Lehrer fest, daß das Bauernbübchen besonders aufgeweckt war. Jedenfalls finden wir den jungen Johann Georg alsbald jenseits des Steinfirstes in der Lateinschule der weithin bekannten Benediktinerabtei Gengenbach. Man darf es schon den Klöstern der Ortenau hoch anrechnen, daß ihre Schüler nicht nur in die Geheimnisse der Wissenschaften und der Religion eingeführt worden sind, sondern auch die weltliche Musik gepflegt wurde. Da der Bub aus dem Reichenbach in allen Fächern gute Leistungen zeigte und darüber hinaus eine gewisse Zuneigung zur Frau Musica offenbarte, durfte er das Violinspiel erlernen. Eigentlich wollten die Eltern vom Studieren nicht so viel wissen. Sie waren mehr dem Rate des mit ihnen befreundeten Sulzer Pfarrers gefolgt, als sie ihren Sohn nach Gengenbach schickten.

So wundern wir uns auch nicht, daß in den Eltern der Entschluß reifte, den Jungen auf den großen väterlichen Hof zurückzurufen. Aber es hielt ihn nicht lange im einsamen Tale, denn der Vater erlaubte ihm, wenigstens das Bäckerhandwerk zu erlernen. Auf der üblichen Wanderschaft kam der tüchtige

Geselle nach Freiburg und sogar für kurze Zeit nach Colmar. Dort rief der Tod des Vaters den Bäcker in die Heimat zurück. Die Mutter spürte sehr bald, wie wenig der Georg an der Landwirtschaft Interesse zeigte. Deshalb war sie damit einverstanden, daß er die Wirtschaft »Zum Kreuz« in Kürzell übernehmen dürfe, während sein dortiger Stiefbruder den großen Besitz im Giesental in die Hände nahm. Doch die Mutter sorgte noch während des Tausches dafür, daß der angehende Wirt, obwohl er erst 20 Jahre alt war, die Tochter des Sonnenwirtes von Biberach, Katharina Sandhas, zur Frau nahm.

Fast um die gleiche Zeit brach in Frankreich 1789 die Revolution aus, in deren Gefolge Europa vom Kriegslärm erfüllt wurde. Um Österreich endgültig niederzuringen, überschritten französische Truppen in der Nacht vom 23. zum 24. Juni 1796 erstmals den Rhein bei Kehl, worauf ein Großteil der deutschen Bevölkerung vor dem Einmarsch der Franzosen die Riedgemeinden verließ. Der Kreuzwirt flüchtete mit seiner Familie in das Giesental. Doch den Franzosen blieb auch dieses einsame Tal nicht verborgen. Verschiedene Male drangen Soldatenhorden in den Giesenhof ein, um zu plündern. Mutig trat ihnen der Kreuzwirt entgegen und fürchtete sich nicht, alleine auf dem Hofe zu bleiben, um ihn zu schützen. Nach dem Abzug der Franzosen kehrte er wieder nach Kürzell zurück.

Erneut fielen die Franzosen in Deutschland ein. Diesmal verließ Pfaff die Heimat nicht, obwohl das Volk schwer unter der Besatzung zu leiden hatte. Gerade die Schikanen und Plünderungen, denen die Bevölkerung ausgesetzt war, bewegten den Kreuzwirt dazu, durch List und Mut die Soldaten wenigstens von Kürzell und der Nachbarschaft fernzuhalten. Nicht Rache und Haß, sondern Notwehr bestimmten sein Handeln. Auf seinen Antrag hin wurde im Dorfe eine Bürgerwache gebildet, die Tag und Nacht die Gemeinde vor Überfällen schützen sollte. Pfaff selbst wurde zum Hauptmann dieser Bauerntruppe ernannt. Die befreundeten Österreicher, die

Johann Georg Pfaff,
der Kreuzwirt von Kürzell.

sich in der Nähe von Lahr aufhielten und auf Patrouillenritt die Gegend durchstreiften, nannten ihn nur den »Kadett Bauer«.

Der Abt des nachbarlichen Klosters Schuttern, das auch viel unter den Franzosen zu leiden hatte, schenkte dem verdienstvollen Kreuzwirt eine Ulanenuniform als Dank für seine mutigen Taten. Oft ritt Pfaff selbst auf Erkundungsritt oder diente den Österreichern als ortskundiger Führer. Stets aber war er darauf bedacht, durch List und Täuschung die Franzosen zu verjagen. Seine Taten drangen bis zum kaiserlichen Hof in Wien, so daß der österreichische General Merveldt im Auftrage seiner Majestät dem tapferen Kreuzwirt persönlich den großen goldenen Verdienstorden an die Brust heftete. Mehrmals geriet Pfaff in äußerste Todesgefahr, doch es gelang ihm immer wieder, von seinen Abenteuern mit heiler Haut nach Hause zu kommen.

180

Als jedoch die Franzosen im April 1800 ein viertes Mal über den Rhein kamen, bangten selbst die Österreicher um sein Leben. Deshalb boten sie ihm eine aussichtsreiche Offiziersstelle an. Doch der Kreuzwirt schlug das gutgemeinte Anerbieten ab. Er wollte Kürzell nicht verlassen. Allerdings verhielt er sich jetzt äußerst ruhig, da er einsah, daß gegen die französische Übermacht nichts auszurichten war und jede Gegenwehr nur noch größere Not hervorrufen würde. Da wurde ihm ein österreichischer Ulanenkorporal, der öfters an den Husarenstreichen des Kreuzwirtes teilnahm, zum Verräter. Der französische General Klein, der in Kork sein Hauptquartier aufgeschlagen hatte, verhörte Pfaff persönlich und machte dabei kein Hehl daraus, daß er das Todesurteil für den österreichischen Spion aussprechen werde. Aber auch in dieser höchsten Todesnot hatte Pfaff einflußreiche Fürsprecher, vor allem in der Person des Korker Pfarrers Schild, der dem General als Dolmetscher diente. Anstelle des zu erwartenden Todesurteiles erging ein Freispruch, da der General davon überzeugt wurde, daß sich der Kreuzwirt nur gegen die Übergriffe der Soldaten zu Wehr setzte.

Noch einige Male drohte seinem Leben Gefahr durch Verhaftung. Allmählich aber kam es zu einer Annäherung zwischen Frankreich und dem badischen Hofe, was sich in einem besseren Verhältnis zwischen der Bevölkerung und der Besatzung bemerkbar machte. Nachdem der Frieden wieder ins Land gezogen war, widmete sich der einstige Haudegen ganz seiner Familie und seinen Geschäften. Allerdings war ihm kein sonniger Lebensabend beschieden. Sorge und Kummer waren in seinen letzten Jahren ständiger Begleiter. Als ihn am 19. September 1840 der Tod ereilte, nahm er ein treu gehütetes Geheimnis mit ins Grab: er kannte seinen Widersacher, der damals den Korporal zum Verrate kaufte. An beiden nahm er keine Rache, jedem hatte er verziehen. Gerade dieser Edelmut wirft ein bezeichnendes Licht auf den Charakter des Kreuzwirtes von Kürzell, der es verdient hat, daß sein Andenken nicht nur in seiner Heimat, sondern darüber hinaus im ganzen badischen Land lebendig gehalten wird.

Der unerschrockene Vogt

Mit Recht darf das Kinzigtal als die lieblichste Flußaue des Schwarzwaldes gepriesen werden, als ein reichgesegneter Gottesgarten. Grünende Matten, kultivierte Felder und ertragreiche Obstbäume künden vom zähen Fleiß der Bewohner, die in den zahlreichen Dörfern und Städten ihre Heimat haben. Gleich einem Silberband durchzieht die Kinzig mit ihren Wassern von Osten nach Westen dieses Tal, unseren Schwarzwald. Aber gerade die Kinzig war es, die den Menschen jahrhundertelang Schrecken, Not, Armut und auch den Tod brachte. In vielen Windungen und Nebenarmen floß sie durch das sumpfige Tal, das sie ganz ihr eigen nannte, verlegte sie doch nach Belieben das Flußbett. So neigt man heute gerne zu der Meinung, daß schon die Römer ihre bekannte Straße durch das wilde Kinzigtal an den Berghang legten, um so vor den dauernden Überschwemmungen und Verwüstungen des Heer- und Handelsweges gesichert zu sein.

Noch heute erleben wir das gleiche Schauspiel im Jahreslauf: Im trockenen Sommer gleicht der Fluß einem ruhigen, ungefährlichen Gewässer. Doch zur Zeit der Schneeschmelze, bei Eisgängen oder nach langen Regentagen oder gar nach Wolkenbrüchen, steigt die Flut in kürzester Zeit, und aus dem lieblichen Flüßchen wird von einer Stunde auf die andere ein reißender, drohender Strom, dessen Wassermassen sich überschäumend zu Tale wälzen. Wir brauchen aber heute keine Angst mehr zu haben. Unsere Felder und Wiesen, unsere Dörfer und Städte sind durch große Dämme geschützt, die im Zuge der Bändigung dieses Wildwassers etwa in den Jahren 1830 bis 1850 angelegt wurden. Der bekannte Rheinbezwinger, der badische Oberst Tulla, hat die Pläne für die Regulierung der Kinzig angefertigt, doch der Tod entriß ihm die Ausführung. Früher brachte fast jedes Hochwasser der Kinzig seinen Anwohnern Überschwemmungen und Zerstörungen. Davon wollen auch die in unserer Heimat einmal so sehr verehrten Wasserheiligen Nikolaus und Nepomuk künden, deren Statuen wir öfters begegnen. Nur kleine, unzulängliche Dämme wurden zum Schutze der Dörfer – meist im Frondienst – aufgeworfen. Wie wenig Schutz sie gegen die entfesselten Elemente boten, erzählen uns die Kinzigtäler Chroniken.

Durch Zufall wurde ein Bericht gefunden, der uns in den Herbst des Jahres 1778 führt. In jener Zeit amtete in Steinach der biedere Vogt Nikolaus Schwendemann, der am 3. Oktober 1719 in diesem Dorfe geboren war. Die allgemeine Heimatgeschichte meldet, daß in den Tagen vom 15. bis 26. Oktober 1778 das Kinzigtal durch zahlreiche Überschwemmungen, durch unaufhörliche Regenfälle hervorgerufen, heimgesucht wurde. Besonders das nahe an der Kinzig gelegene Steinach war den Fluten ausgesetzt. Viele Häuser standen schon unter Wasser. Wie der Chronist weiter berichtet, glich das Gebiet zwischen Haslach und Steinach einem großen See, der von einer Talseite bis zur anderen reichte.

Am 25. Oktober stieg die Flut erneut an, und die gewaltigen Wassermassen suchten vor allem im Steinacher Unterdorf nach Opfern. Fluchtartig mußten die Leute ihre meist aus Holz gebauten Häuser verlassen, um wenigstens das nackte Leben zu retten. Von erhöhter Stelle beobachteten die Steinacher, wie die entfesselten Wasser allein fünf Häuser mitrissen. Dann aber starrten alle entsetzt über die Wellenkämme hinüber zu einem dahertreibenden Dachstuhl, auf dem fünf Steinacher, denen die Flucht nicht mehr gelungen war, in Todesangst kauerten und laut um Hilfe schrien. Die sich wild aufbäumenden Fluten ließen sehr schnell erkennen, daß jeder Hilfeversuch nur neue Opfer fordern würde. Da wurde der Dachstuhl an einen mächtigen Baum getrieben, der noch dem wilden Flusse trotzte.

Sehr schnell erkannte jetzt der am Ufer stehende Vogt Schwendemann die einzige Möglichkeit zur Rettung. Schnell ließ er einen Fischerkahn herbeischleppen, denn in jener Zeit gab es noch in jedem Dorfe einige Bewohner, die den reichen Fischgrund der Kinzig ausbeuteten und vor allem dem Salmen, dem Lachs, nachstellten. Unerschrocken und voller Todesverachtung strebte dann der Vogt jener Insel im tosenden Fluß zu, die in allen Fugen krachte. Glücklich erreichte er die dem Wassertod geweihten Menschen und brachte sie sicher ins Boot. Es war eine Rettung in letzter Minute, denn kaum hatte der Kahn den Dachstuhl verlassen, da wurde dieser flußabwärts getrieben.

Durch die mutige Tat hatte der Steinacher Vogt nicht nur fünf Menschen dem nassen Grab entrissen, sondern auch seinem Namenspatron St. Nikolaus als Helfer in Wassernot alle Ehre gemacht. Nach Jahren versank jedoch die Erinnerung an das tapfere Handeln des Nikolaus Schwendemann in der Vergessenheit, bis die schriftliche Schilderung des Vorfalls wieder entdeckt wurde.

Der Kapitän aus dem Schwarzwald

Ein Zufall brachte Licht auf den Lebensweg einer Schwarzwälder Landratte, die als Kapitän seiner Kaiserlichen Majestät zu hohen Ehren kam. Anläßlich der 100. Wiederkehr des Geburtstages des bekannten niederdeutschen Dichters und Erzählers Gorch Fock stieß der »Freundeskreis Gorch Fock« auf der Suche nach den Angehörigen des Kapitäns des Kriegsschiffes »Wiesbaden« nach vielen Irrungen und Wirrungen bis in den Schwarzwald, in das Kinzigtal, vor.

Da der geschätzte Dichter von der Waterkant während des ersten Weltkriegs auf der »S.M.S. Wiesbaden« seinen Dienst versah, wollte man die noch greifbaren Verwandten des Kapitäns zu den Jubiläumsfeierlichkeiten einladen. Doch den

Suchenden stand nur ein Hinweis zur Verfügung: »Fritz Reiß ist am 9. November 1873 in Sulzbach im Hausachtal, im ehemaligen Großherzogtum Baden geboren«. Die Anfrage kam doch noch in die richtigen Hände, und das Rätsel konnte gelöst werden.

Zwischen Hausach und Haslach bestand bis zum Ende des Jahres 1920 die Gemeinde Sulzbach. Das einzige markante Gebäude dieser Zwerggemeinde, das weder Kirche, Rathaus noch eine Schule besaß, war das herrschaftliche Gut Hechtsberg. Es entstand um die Mitte des letzten Jahrhunderts durch Ankauf von je drei bäuerlichen Anwesen im vorderen Sulzbach und im Adlersbach. Der erste Herr des Hechtsbergs war Otto Dahmen, der 1868 in das Deutsche Zollparlament gewählt wurde. Ihm folgte der Geheime Kommerzienrat Ludwig Ferdinand Otto Reiß, dem seine Ehefrau Pauline, gebo-

Kapitän zur See Fritz Reiß.

185

rene von Seutter, am 9. November 1873 das Büblein »Maximilian Friedrich« in die Wiege legte.

Der stolze Vater war eine geachtete Persönlichkeit. Er verlieh nicht nur seinem Gute, sondern auch der Gemeinde und der Talschaft neue Impulse. Als berufener Protestant wurde er in dieser Diaspora der Initiator der evangelischen Kirchengemeinde von Haslach. In seinem schloßähnlichen Herrensitz feierten 1866 die evangelischen Christen aus Haslach und Hausach den ersten Gottesdienst. Reiß wurde dann zum ersten Vorsitzenden des neu gebildeten Haslacher Kirchenvorstandes gewählt. Für Jahre gehörte der strebsame Gutsbesitzer dem Badischen Landtag und als Vorsitzender dem Landwirtschaftlichen Verein Wolfach an. Der Ökonom ließ auch einen schönen Park anlegen, in dem viele überseeische Nadelhölzer bewundert werden konnten und seine große Kinderschar munter umhertollte.

Doch wenden wir nun unsere ganze Aufmerksamkeit seinem Sohn Fritz, dem getauften Maximilian Friedrich zu, den das Land nicht halten konnte. Er trat im April 1891 in die kaiserliche Marine ein und begann seine Offizierslaufbahn, nachdem er 1894 zum Unterleutnant zur See befördert wurde. Als Leutnant zur See versah er nach der Jahrhundertwende etwa für ein Jahr als Erster Offizier auf dem kleinen Kreuzer (Aviso) »Loreley« und dann als Wachoffizier für einige Monate auf dem großen Kreuzer »Victoria Luise« seinen seemännischen Dienst, bis er dann auf die Marine-Akademie überwechselte. Das Studium wurde noch durch die Praxis ergänzt und der junge Offizier der II. Marine-Inspektion als Flaggleutnant dem Stab des II. Geschwaders zugeordnet.

Später besuchte er nochmals die Marineakademie, auf der er im März 1903 zum Kapitänleutnant zur See ernannt und einige Monate später dem Schulschiff »Württemberg« zugewiesen wurde. Doch nach kurzer Zeit fungierte Fritz Reiß für etwa ein Jahr als Navigationsoffizier auf dem Küstenpanzerschiff »Odin« und auf dem Linienschiff »Wörth«. Seine erworbenen Kenntnisse gab der Schwarzwälder in den Jahren 1905 bis 1908 als Lehrer an der Marineschule weiter. Anschließend stach er mit dem Linienschiff »Wittelsbach« wieder in See, wobei ihm das Amt des Navigationsoffiziers und dann – inzwischen schon zum Korvettenkapitän avanciert – das des Ersten Offiziers übertragen wurde. In den Jahren 1910/1914 stand der tüchtige Marineoffizier der militärischen Abteilung des Reichsmarineamts zur Verfügung. Nachdem er im Januar 1914 zum Fregattenkapitän befördert wurde, übernahm Reiß am 2. April jenes Jahres das Kommando über den kleinen Kreuzer »S.M.S. Danzig«, der in der Ostsee operierte und nach dem Ausbruch des ersten Weltkrieges 1915 bei Gotland auf eine Mine lief und sank.

Daraufhin wurde er am 28. August 1915 Kommandant der neu in Dienst gestellten »Wiesbaden«. Mit diesem Seiner Majestät Schiff (S.M.S.), ebenfalls einem kleinen Kreuzer, führte Reiß zunächst einige Unternehmungen durch. Zu seiner Schiffsbesatzung gehörte als Kriegsfreiwilliger auch der schon erwähnte Johann Kinau, der am 22. August 1880 auf Finkenwerder bei Hamburg geboren wurde und als Gorch Fock in die niederdeutsche Literaturgeschichte einging. Noch bevor die »Wiesbaden« in der Skagerrak zur großen Seeschlacht einlief, erhielt ihr erster Mann die Ernennung zum »Kapitän zur See« (24. April 1916).

Dann nahte der Tag, an dem sich die deutsche und die englische Flotte das einzige größere Seegefecht während des ersten Weltbrandes lieferten. Am Abend des 31. Mai 1916 zerriß ein Torpedotreffer den sogenannten »Föttinger Transformatoren« (mit dem Getriebe des Autos vergleichbar) unter der Kommandobrücke. Man wollte zwar das manöverierunfähige Schiff noch abschleppen, doch die feindliche Grand Fleet hatte bereits die Deutschen eingeschlossen und übersäte ihre Einheiten mit einem höllischen Feuerhagel, der auch die wundgeschossene »Wiesbaden« traf. Etwa um 2 Uhr 45 des angebrochenen 1. Juni versank der kleine Kreuzer auf den

Der leichte Kreuzer SMS Wiesbaden, der am 1. 6. 1916 auf der
»Kleinen Fischerbank« vor dem Skagerak sank.

Grund der »Kleinen Fischerbank« vor dem Eingang zum
Skaggerak.

24 Männer – meist Angehörige des Maschinen- und Heiz-
personals – konnten sich zunächst noch schwimmend über
Wasser halten. Doch nach und nach ertranken auch sie in den
Fluten und folgten ihren Kameraden, die das Wrack bereits tot
oder verwundet mit in die Tiefe gerissen hatte. So fand neben
dem Kommandanten Fritz Reiß und dem Dichter Gorch Fock
die gesamte Besatzung, darunter der Heizer Oskar Baumann
aus Hohnhurst bei Offenburg und der Matrose Karl Reiss aus
Willstätt, ein gemeinsames Seemannsgrab, über dem die Mee-
reswellen zusammenschlugen. Es war der Himmelfahrtstag
1916 . . .

Nur der Oberheizer Hugo Zenne überlebte die Katastrophe
und wurde 40 Stunden später vom norwegischen Dampfer

»Willy« aus der See gefischt. Die Seeschlacht selbst ließ keine Sieger und Verlierer zurück, da die deutschen Schiffe unter Vizeadmiral Scheer noch rechtzeitig aus dem Todeskessel abdrehten.

Tage darauf, am 26. Juni, fand ein schwedischer Polizist am Strand der Schäre Trolleskären den Leichnam von Gorch Fock. Auf der unbewohnten Schäre Stensholmen wurde er zusammen mit noch 12 vom Meer angespülten Seeleuten, darunter zwei Engländern, beerdigt. Unseren Kapitän zur See Fritz Reiß aber hat das Meer für immer behalten . . .

Apostel der Alemannen

Der gemeinsame Glaube kennt keine Grenzen! Diese erfreuliche Tatsache dürfen wir jedes Jahr erneut feststellen, wenn die Gläubigen aus dem Hochrheingebiet, aus dem Schwarzwald, der gegenüberliegenden Schweiz und dem Vorarlberger Land zusammenströmen, um im altehrwürdigen Säckingen im März das traditionsreiche Fridolinsfest als die Feier einer großen christlichen Familie zu begehen. Es ist ein erhabenes Heimatfest, wenn die geistlichen und weltlichen Würdenträger im historischen Zug den kunstvollen Fridolinsschrein durch die Straßen und Gassen der tausendjährigen Münsterstadt begleiten, wenn die Hotzenwälder und die linksrheinischen Schweizer in ihren malerischen Trachten die Farbenpracht der kirchlichen Gewänder der Priester, Ministranten und Träger abrunden. Dabei erkennen wir, welch machtvolles Bekenntnis zu Gott, Glaube und Heimat vom Volk ausstrahlt, wenn Religion und Brauchtum eine Harmonie bilden.

Was aber führt die vieltausendköpfige Menge zusammen? Es ist der gemeinsame Dank an den Herrgott, daß er vor mehr als 1000 Jahren den hl. Fridolin in ihre Heimat sandte, auf daß er sie missioniere und kultiviere, den Grundstein lege zum heutigen Gottesgarten um Rhein und Bodensee.

Blick über den Rhein zum Säckinger Fridolinsmünster.

Während die Franken sich in Gallien, dem heutigen Frankreich, breit machten, allmählich zur herrschenden Schicht über die Römer, Westgoten und Alemannen wurden, eilte Fridolin – aus edlem irischen Geblüt stammend – von der »Grünen Insel« auf das Festland, nachdem er in einem heimatlichen Benediktinerkloster die priesterlichen Weihen empfangen hatte. Zwei großen Aufgaben sah sich der tatkräftige Missionar gegenübergestellt: die gallorömische Bevölkerung vom Irrglauben der Arianer zu reinigen und die rauhen Franken nach dem Sieg über die Alemannen in den Schoß der Kirche zu führen. Später lenkte er seine Schritte gegen Osten. Zahlreiche Kirchen, die er seinem großen Lehrer Hilarius weihte, säumen seinen Weg.

Durch das Trierer Land kam er um 500 an das Ufer des Rheines nach Straßburg, folgte dem Strom aufwärts, durchmaß das schweizerische Alpenvorland und erreichte am wilden Rhein die rätische Stadt Chur. Wieder waren ihm die schäumenden Fluten des Rheines Wegweiser durch das Vorarlberger Gebiet zum Bodensee, zum römischen Constantia. Bald aber sollte er jene Gegend erreichen, die auch heute noch Mittelpunkt der Fridolinsverehrung ist: Säckingen.

Doch die Bewohner standen den Plänen des Glaubensboten feindlich gegenüber, bis Fridolin eine Schenkungsurkunde des Frankenkönigs Chlodwig vorwies. Nun entstanden ein Männer- und ein Frauenkloster. Wald- und Sumpfgebiete wurden gerodet und urbar gemacht, das erste Kloster im süddeutschen Raum erbaut: der Anfang der Missionierung des Oberrheingebietes war gemacht! Sein Kloster in Säckingen war für Jahrhunderte Ausstrahlungsort des christlichen Glaubens, wenn auch noch einige Zeit vergehen sollte, bis das rechtsrheinische Land, vor allem aber der Schwarzwald vom Christentum durchdrungen wurde.

Zahlreiche Wanderungen führten den frommen Gottesmann nach Burgund, in den bis dahin bewohnten Schwarzwald und in die Schweiz. Der Kanton Glarus – der Name formte sich aus Hilarius – verehrt den hl. Fridolin noch heute als Landespatron, wie auch das Fricktal. Die einst heidnischen Fasnachtsfeuer loderten fortan als »Fridolinsfeuer« am Funkensonntag oder am Namensfeste des Schutzheiligen gegen den nächtlichen Himmel. Am 6. März des Jahres 538 – manche behaupten auch später – starb der unermüdliche Gottesheld und fand in seiner Klostergründung in Säckingen seine irdische Ruhestätte. Später wurden seine Gebeine in einen kunstvollen Schrein überführt, in dem sie sich heute noch befinden.

Das gläubige Volk aber nahm bei Wassergefahr, bei Viehseuchen und in der Sorge um schönes Wetter zu ihm als Fürsprecher Zuflucht. Die Schneider erkoren ihn zu ihrem Standespatron. Bei Feldkirch in Vorarlberg, in der Kapelle zu Rankweil, wird ein Stein mit den Knieabdrücken des Heiligen

Der hl. Fridolin mit dem toten Grafen Urso.

gezeigt. Graf Landolf wollte dem Fridolin eine Schenkung seines verstorbenen Bruders streitig machen. Auf dem dortigen Gaugericht konnte der Heilige keine Urkunde vorweisen. In seiner Not betete Fridolin so inständig zu Gott, daß der Stein, auf dem er kniete, wie Wachs nachgab. Als er dann zum Grab des verstorbenen Grafen Urso eilte, öffnete sich dieses, und der Tote gab vor dem Gericht Zeugnis von der Lauterkeit des verleumdeten Fridolin ab.

Die Fuß- und Armleidenden glaubten, daß von diesem Steine heilende Kräfte ausgehen müßten und wallfahrteten in Scharen zur Kapelle nach Rankweil. Manchmal aber wird der Heilige nicht nur im Kleide der Benediktiner mit dem Abtsstabe und dem Buche dargestellt, sondern auch mit einem Totengerippe, das zu seinen Füßen liegt. Nach all dem Legendären und der volkstümlichen Verehrung des Heiligen wollen wir nicht vergessen, daß Fridolin alles verließ, um allein Gott zu dienen, indem er dessen Lehre in unsere Heimat brachte. Dies ist Grund genug, daß alljährlich ihm zu Ehren das erhabene Fridolinsfest gefeiert wird.

Der evangelische Bischof des Kinzigtales

Sehr schnell entwickelte sich die Bischofs- und Freie Reichsstadt Straßburg nach dem Thesenanschlag Martin Luthers zum Zentrum, aber auch zum Ausstrahlungsort der Neuen Lehre in den Landen links und rechts des Rheins. Im Kreis der namhaften Reformatoren der Rheinmetropole finden wir auch die Gestalt des Dr. Caspar Hedio, die eng mit der Ausbreitung und vorübergehenden Festigung der Reformation in weiten Teilen der Ortenau, besonders aber des Kinzigtales, verbunden ist. Vorübergehend, weil das »Cujus regio-ejus religio« – die Konfession des weltlichen Herrschers ist ebenso die seiner Untertanen – auch in dieser Region zum Tragen kam und mitunter zu schmerzlichen Wechseln führte.

Als Caspar Heid oder Heyd erblickte der spätere Historiker und Theologe 1494 in Ettlingen das Licht der Welt. Das genaue Geburtsdatum konnte noch nicht festgestellt werden. In Mainz promovierte er bei dem später sehr bedeutenden Straßburger Reformator Wolfgang Capito, mit dem ihn bald eine innige Freundschaft verband. Noch mehr, dem Doktorvater gelang es, Hedio – der lateinisierte Namen von Heid – für die Lehre Luthers zu begeistern. Nachdem Capito nach Straßburg übergewechselt war, folgte ihm bald der junge Doktor (1520) nach. Als es wenig später darum ging, die Stelle des Dompredigers in Straßburg zu besetzen, fiel im Jahre 1523 die Berufung auf Hedio. Im Jahr darauf erhielt der neue Münsterprediger auch den Auftrag, an der »Hohen Schule«, der späteren von ihm mitbegründeten Universität, Geschichte zu lehren.

Einer der größten Straßburger Reformatoren, Martin Bucer, wirkte mit aller Macht auf die der lutherischen Lehre anhangenden Priester ein, in den Stand der Ehe einzutreten. Er war der Ansicht, damit einer die damalige Kirche belastenden Unmoral am besten begegnen zu können. Mit einer Anzahl bekannter Reformatoren der Münsterstadt entschied sich auch Dr. Hedio für die Ehe und heiratete am 30. Mai 1524 die Straßburger Gärtnerstochter Margaretha Trentz. Welche Bedeutung ihm zugemessen wurde, welche Stellung er im aufwachsenden Protestantismus einnahm, dürfte auch aus der Tatsache hervorgehen, daß er schon an den »Speyerer Gesprächen« teilnahm (1526) und später – 1540/41 – zu den religiöskirchlichen Gesprächen nach Worms und Regensburg entsandt wurde.

Wie so oft in der Vergangenheit, konnte sich dort kirchliches Leben gut entfalten, Bestrebungen entwickeln, wo weltliche Mächte dafür gewonnen werden konnten. Einer der einflußreichsten Befürworter der Reformation in der Ortenau war der fürstenbergische Landgraf Wilhelm auf Schloß Ortenberg, dem das Volk den Namen »Wilder Graf« verlieh. Schon früh öffnete er der Neuen Lehre in seiner Landvogtei die Türen.

Der Straßburger Reformator
Dr. Caspar Hedio.

Als seine streng katholische Mutter 1540 starb, breitete sich auch im mittleren und oberen Kinzigtal der Fürstenberger unter seinem Schutz der Protestantismus aus.

Im Juni 1542 trafen sich auf seine Initiative hin die lutherischen Pfarrer seines Machtbereichs zu einer evangelischen Synode in Haslach im Kinzigtal. Neben weittragenden Beschlüssen wurde der Landesherr von den Synodalen gebeten, Caspar Hedio zu einer Kirchenvisitation, zum Aufstellen einer verbindlichen Kirchenordnung in die von ihm regierten Gebiete zu entsenden. 1546 verpflichtete Graf Wilhelm Hedio sogar zur jährlichen Durchführung der Kirchenvisitationen. Ihm zur Seite stand tatkräftig der Wolfacher Pfarrer Martin Schalling, der als Superintendent dem Kinzigtäler Kirchenbezirk vorstand und dadurch als »Reformator des Kinzigtales« gepriesen wurde. In Dr. Hedio sah man dagegen den »evange-

195

lischen Bischof des Kinzigtales«. Dieser wurde 1549 noch Vorsitzender des »Straßburger Kirchenkonvents«.

Bereits 20 Jahre zuvor hatte er den Satz geprägt: »Die Rechtfertigung des Menschen geschieht aus dem Glauben und nicht aus den Werken«. Am 17. Oktober 1552 wurde der bedeutende deutsche evangelische Theologe und Reformator in Straßburg von dieser Welt abberufen.

Der sozialengagierte Schneiderssohn

Im tiefaufgewühlten Revolutionsjahr 1848 rüsteten die deutschen Katholiken zu einer ersten großen Zusammenkunft in Mainz. Schon Jahre bewegte die teils heftig geführte Auseinandersetzung zwischen Kirche und Staat die Gemüter in den deutschen Landen, ein Streit, der als »Kulturkampf« in Baden über Jahrzehnte die politische Bühne beherrschte. Als Präsident des 1. deutschen Katholikentages in der Domstadt Mainz trat ein gewisser Hofrat Prof. Dr. Franz Josef Buß auf. Verständlich, wenn diese, sagen wir einmal, »gesamtdeutsche« Tagung der Katholiken von den politischen Querelen, aber auch von den Problemen der aufkommenden Industriealisierung, der sogenannten »Sozialen Frage« umrahmt und beeinflußt war.

Unter diesem Gesichtspunkt bekommt die Aufgabe von Buß, als Präsident des 1. Katholikentages zu wirken, ein besonderes Gewicht, Farbe und Bedeutung. Dieser Professor aus Freiburg sorgte nämlich bereits Jahre zuvor als Abgeordneter im badischen Landtag am 25. April 1837 durch seine »Jungfernrede«, die breit- und tiefangelegte »Fabrikrede«, für großes Aufsehen. In diesen, seinen Ausführungen »Über die mit dem fabrikmässigen Gewerbebetrieb verbundenen Nachtheile und die Mittel ihrer Verhütung«, machte Buß bereits Jahre vor Marx und Engels auf die soziale Lage der Arbeiter aufmerksam und zeigte Wege auf, menschenwürdige Lösungen zwischen dem Kapitalismus, der aufkommenden Automatisation und dem aufkeimenden, zündstoffbergenden Proletariat durch entsprechende Maßnahmen des Staates und der Kirche zu finden.

Doch die weitführenden Gedanken des an sich revolutionären Parlamentariers wurden damals größtenteils (noch) nicht verstanden, sogar abgelehnt, wenn er beispielsweise anführte: »So von allen Seiten zurückgedrängt, genießt der Fabrikarbeiter nicht einmal eine rechtliche und politische Sicherstellung. Das Fabrikwesen erzeugt eine Hörigkeit neuer Art. Der Fabrikarbeiter ist der Leibeigene eines Brotherrn, der ihn als nutzbringendes Werkzeug verbraucht und abgenützt wegwirft. Es ist hier nicht einmal jene, ursprünglich auf einer Wechselseitigkeit beruhende, wenngleich oft in der Tat mißbrauchte Grundhörigkeit des Mittelalters, vor welcher unsere empfindsame Zeit so sehr zurückschauert. Nein, es ist die Hörigkeit der Zivilisation, welche in dem lockeren Taglöhnerverhältnis dem Arbeiter gar keine Sicherheit gewährt, ihn zur Beute der Laune und des Geschickes seines Herrn und der Wechselfälle macht!«

Noch mehr rückte er dann später – 1841 – mit der Herausgabe seines Buches »Über den Einfluß des Christentums auf Staat und Kirche« in die vorderste Front des politischen Katholizismus auf.

Buß wußte wovon er redete und schrieb, wuchs er doch – am 25. März 1803 in Zell a. H. geboren – als Sohn eines Schneiders in ärmlichen Verhältnissen auf und lernte Entbehrung, Hunger und Nöte am eigenen Leibe kennen. Doch eine vielseitige Begabung, Fleiß und zäher Wille führten ihn über die Zeller Volksschule, das Offenburger Gymnasium zum Studium der Philosophie, Medizin und Rechtslehre an verschiedenen Universitäten (Freiburg, Heidelberg, Göttingen).

Der mehrfach promovierte Doktor begann 1828 seine Laufbahn als Hochschullehrer an der juristischen Fakultät in Freiburg. Dort saß Jahre später auch ein Student namens Heinrich

Hansjakob zu seinen Füßen, der dann folgendes über den von
ihm sehr verehrten Professor niederschrieb: »Wie verschieden aber unser Herrgott die Talente unter den Menschen
gebildet und geartet hat, das konnte man an den Dozenten
kennenlernen ... Es war dies der weithin bekannte Hofrat Dr.
Buß, ein Kinzigtäler aus Zell ... Aus seinen eigentlichen Vor-
lesungen war entschieden am wenigsten zu profitieren, weil er
zuviel ›Allotria‹ trieb und jeden fremden Gedanken, den sein
lebhafter Geist ihm dazwischen warf, ergriff und verarbeitete.
Das ›Allotria‹ aber, dem Buß so gerne huldigte, ist in meinen
Augen absolut kein Vorwurf für den so bedeutenden Mann.
Was er sagte, war geistreich, und wenn es auch nicht zur Vor-
lesung gehörte, so konnte man doch gar viel daraus lernen«.

Viele Jahre später drückten die beiden sogar miteinander
die Abgeordnetenbank im badischen Landtag, wo ihn Buß

wegen seiner großen Gestalt, des großen Hutes und seiner »derben Bauernnatur« nur den »Flözer« nannte.

Der Zeller Hofrat war aber nicht nur ein Mann des Wortes, sondern auch der Tat. Durch zahlreiche Aufrufe konnte er Not lindern, die Wiedereinführung der Barmherzigen Schwestern erlangen, die Gründung der Vinzentiusvereine vorantreiben, sich sogar für österreichische Verwundete einsetzen. 1863 erhob ihn Kaiser Franz in den Ritterstand, während der Papst ihn zum Komtur des Gregoriusordens berief. Ein Hirnschlag setzte am 31. 1. 1878 dem bewegten Leben des armen Schneidersohns, des anfänglichen Freigeistes, des Gelehrten und Sozialpolitikers, des Abgeordneten des badischen Landtages und des Reichstages, des Redners in der Frankfurter Paulskirche, dem Franz Josef Ritter von Buß, einer bedeutenden Persönlichkeit der Ortenau, ein Ende.

Ein ruheloser Wanderer

Im Schwarzwald, zwischen Bodensee und Karlsruhe, der jugendfrischen Donau und der gesegneten Ortenau und weit darüber hinaus, begegnen wir immer wieder dem Namen Joseph Viktor von Scheffel. Da ist eine »Scheffelbank«, eine »Scheffellinde«, dort gar ein »Scheffelgymnasium« oder eine »Scheffelstube«. Es sind Spuren, die eine große Persönlichkeit auf einem bewegten Lebensweg hinterlassen hat, Erinnerungen, die unsere schnellebige Zeit überdauert haben und das Andenken an einen der großen Schriftsteller unseres Landes wachhalten. Doch auch sein literarisches Erbe, vom einstigen »Scheffelbund«, dem heutigen »Volksbund für Dichtung – vormaliger Scheffelbund« treu gehütet und gefördert, wird noch von den heimatbegeisterten Lesern zur Hand genommen. Auch erhalten alljährlich Abiturienten für ihre besonderen Leistungen in Deutsch den »Scheffelpreis«. Damit nimmt der am 16. Februar 1826 in der einstigen badischen Residenz

Karlsruhe geborene Scheffel neben Heinrich Hansjakob und Johann Peter Hebel einen achtbaren Platz ein.

Vergessen wir nicht, daß sein »Ekkehard«, jene begeisternde Geschichte aus dem 10. Jahrhundert, über 100 Auflagen erlebte. Und wem würden nicht die zum Volksgut gewordenen Worte »Behüt' dich Gott, es wär so schön gewesen ... Behüt' dich Gott, es hat nicht sollen sein ...« aus dem erfolgreichen Versepos »Der Trompeter von Säckingen« in den Ohren nachklingen, das Gemüt zum Schwingen bringen? Aber auch noch viele gesellig-frohe Lieder aus seinem »Gaudeamus« entzünden das heitere Sängerherz. Ebenso denken wir an andere Schriften, die seiner flinken, gewandten Feder entflossen sind, wie »Juniperus«, »Hugideo«, »Waldeinsamkeit«, »Bergpsalmen«, »Episteln« und »Reisebilder in Prosa«.

Damit werden wir gleichsam auf den ruhelosen Wanderer aufmerksam gemacht, der auf seinem Pegasus, mit dem Zeichenstift in der Hand, Gaue und Länder durchstreifte. Dem Wunsch des Vaters entsprechend, schlug Joseph Viktor nach dem glänzenden Abschluß des Studiums als Doktor der Rechte die Juristenlaufbahn ein. Allerdings galt sein reges Interesse, wohl um dem väterlichen Zwang etwas auszuweichen, auch der Philosophie, den Naturwissenschaften und der Geschichte. Trotzdem gab er unumwunden zu, daß er am liebsten sein Leben mit Pinsel und Farbe als Kunstmaler verbracht hätte.

Hier brach eine Neigung, fast eine Leidenschaft hervor, die durch seine Mutter Josephine, eine Tochter des Oberndorfer Stadtschultheißen Krederer, in seinen Adern rann. Damit sei aber auch auf die gute badisch-schwäbische Mischung hingewiesen, die dem Sohn des großherzoglichen Ingenieur und Oberbaurats mit auf den Lebensweg gegeben wurde.

Voll Begeisterung, aber doch mit Bedacht schlägt das Herz Scheffels für den revolutionären Aufbruch in den Jahren 1848/49. Doch Gewalt und radikale Ideen sind ihm fern. Trotzdem oder gerade deswegen wird er von der vaterländisch

Der ruhelose Wanderer
Viktor von Scheffel.

gesinnten Jugend geachtet und verehrt. Seine ersten literarischen Werke erzielten im Volke einen solchen Widerhall, daß er die begonnene staatliche Juristenlaufbahn wohlgetrost verläßt, um sich, finanziell gesichert, ganz in die Arme der Musen zu begeben. Damit wird er aber noch mehr zum großen Erzähler mit seiner Feder und – was weniger bekannt ist – dem Zeichenstift. Viele Gedichte – oft mit eingängigen Melodien versehen – künden von seiner äußerlich heiteren und geselligen Natur in froher Runde. Doch im Herzen, in seinem Innern blieb er ein Einsamer, Ruheloser.

Während ihm das Glück, der Erfolg in seinem beruflichen wie künstlerischen Schaffen stets ein treuer Begleiter geblieben ist, verhüllte die Göttin der Liebe immer wieder aufs neue das Antlitz vor ihm. So gelang es ihm nicht, trotz aller Bemühungen, seine Cousine, die Zeller Bürgerstochter Emma

Emma Heim, das von Viktor von Scheffel vergötterte »Bäsle«, als junge Frau
(rechts) und im gereiften Alter.

Heim zu gewinnen, wenn sich auch beide zeitlebens nahestanden. Einen Korb gaben ihm auch die Münchnerin Julie Schlichtegroll, die Tochter eines Kunsthistorikers, und Julie Artaria in Heidelberg. Doch all sein Hoffen, Sehnen, sein Warten, seine Enttäuschungen, seine unerfüllte Liebe beflügelten seinen Geist, seine dichterische Arbeit, ließen das Hoch, mehr aber das Tief in seiner Seelenstimmung in seine Werke einfließen. Auch die 1864 mit der Tochter eines bayerischen Gesandten, der Freiin Caroline von Malzen, eingegangene Ehe, brachte zwar einen Sohn hervor, konnte sich aber wenig in Harmonie sonnen.

Dafür durfte »Meister Josephus« besonders an seinem 50. Geburtstag erleben, wie hoch er die Leiter des äußeren Erfolgs erklommen hatte. Neben vielen Ehrungen erhob ihn die Gunst des badischen Großherzogs in den Adelsstand. Obwohl er vor innerer Ruhelosigkeit oft zum Wanderstab griff, um draußen in der Natur, auf Reisen im frohen Freundeskreis Heilung und Anregung zu finden, erkor er das Schlößchen auf der Halbinsel Mettnau bei Radolfzell zu seinem Dichterdomizil (1876).

Der Gang durch sein sechstes Lebensjahrzehnt brachte dem Dichter immer wieder gesundheitliche Beschwerden. Von Krankheit gezeichnet, feierte er noch in Heidelberg seinen 60. Geburtstag. Dann aber zog es ihn noch einmal in das elterliche Haus nach Karlsruhe, wo ihn am 9. April 1886 der Tod einholte. Damit hatte sein Leben »zwischen Pflicht und Neigung«, wie er selbst einmal in einem Brief bekannte, seine letzte Vollendung gefunden, ein Weg, dem er als Dichter, Maler, Wandersmann, Jurist und Bibliothekar Glanz verliehen hat, der auch heute noch ungebrochen leuchtet.

Der Abschied

». . . Er gehörte nicht zu den Naturen, die keine Feinde haben. Er hat zum Widerspruch gereizt und solchen gefunden. Er war nicht der Mann der ruhigen, ausharrenden Sachlichkeit, der allein die Erfolge auf politischem Gebiete beschieden sind. Er war nicht der gern gelittene, willige Untergebene. Sein Naturell bewahrte sich bis ins hohe Alter ein stürmisches Draufgängertum, das die Rücksichten des Alltages nicht kannte. Darin liegt seine Schwäche, aber auch seine Stärke. Er war allezeit ein aufrechter Mann, ein unentwegter Verfechter dessen, was er für richtig hielt«. Mit diesen wohlgesetzten Sätzen skizzierte der Freiburger Rechtsanwalt Fehrenbach als persönlicher Freund des verstorbenen Volksschriftstellers den vielseitigen Charakter, das Wesen Heinrich Hansjakobs, als wolle er nochmals kurz zusammenfassen, auf einen markanten Nenner bringen, was an jenem Begräbnistag in den vielen Ansprachen über den »Grobschmied von Hasle« angeklungen ist.

Der alte Hansjakob
als »Einsiedler« auf seinem
»Freihof« in Haslach.

Es war ein Sonntag, der 25. Juni im Kriegsjahr 1916, als man
den größten Sohn Haslachs zu Grabe trug. Wie ein Lauffeuer
drang die Kunde von seinem Ableben durch das heimatliche
Kinzigtal, den Schwarzwald, bis weit über die Grenzen
Deutschlands hinaus: »De Hansjakob isch gstorbe – der
bedeutendste Schwarzwälder Volksschriftsteller hat das Zeitliche gesegnet«.

Der Tod hat ihn keineswegs überrascht, ja, in seinen, mit
dem Alter zunehmenden, von Schwermut und tiefer Einsam-
keit durchgezogenen Stunden und Tagen, sehnte er ihn immer
wieder als erlösenden Bruder herbei. Und als er spürte, daß
seine Kräfte zusehends erlahmten, die schreibgewohnte Hand
den Federkiel fast nicht mehr führen konnte, nahm er von seiner überaus großen Leserschaft Abschied: »Meine Leser und
Leserinnen haben mir Jahre hindurch ihr Vertrauen bewahrt.

Dafür sei ihnen beim Abschied mein aufrichtiger Dank gesagt. – Nun sag' ich allen Getreuen ein herzliches ›Behüt euch Gott‹ und Wiedersehen in einer anderen, besseren Welt. Ich selbst aber will meines Lebens Leid und meine Ansichten nicht mehr in die Feder fließen lassen, sondern will still tragen, schweigen und entsagen, bis mir die letzte Stunde schlägt«.

Mit Beginn des Jahres 1916 nahmen bei Hansjakob die Altersbeschwerden im steigerndem Maße zu, so daß er ab Ostern das Bett hüten mußte. Am Weißen Sonntag feierte er seine letzte hl. Messe, Wochen später wiederholten sich die Schlaganfälle. Doch um Pfingsten herum stellte sich beim »Einsiedler auf dem Freihof«, von seiner Schwester Philippine wie in den vergangenen Jahrzehnten treu umsorgt, eine schwache Besserung ein. Doch in den frühen Morgenstunden nach dem Fronleichnamsfest, am Freitag, dem 23. Juni 1916, erlosch sein Lebenslicht, das unruhig flackerte, doch viele erleuchtete und erwärmte, aber auch viele, die ihm zu nahe kamen, versengte . . .

Trotz der durch die Grenznähe bedingten Gefahr von Fliegerangriffen ordnete der Haslacher Bürgermeister Fackler ein würdiges Begräbnis für den verstorbenen Ehrenbürger an. Nachmittags um drei Uhr setzte sich der Leichenzug vom Freihof, den Hansjakob 1913 nach seinem goldenen Priesterjubiläum als Alterssitz bezogen hatte, in Bewegung. Seinem Wunsche entsprechend, wurde der Sarg am Geburtshaus Hansjakobs, dem »Gasthaus zur Sonne« vorbeigeführt. Eine überaus große Trauergemeinde war herbeigeströmt, um dem großen Volksmann die letzte Ehre zu erweisen, so daß der Trauerzug nach Hofstetten über zwei Kilometer lang wurde.

Nachdem bereits Dekan Moser von Fischerbach in Begleitung der beiden letzten Kooperatoren Hansjakobs, die Kapläne Buntschuh und Öchsler, den Leichnam eingesegnet hatten, wurde in der Dorfkirche von Hofstetten das Totenoffizium gefeiert. Hierbei ergriff im Beisein auch einer großen Anzahl honoriger Ehrengäste, die aus dem ganzen Lande her-

Die von Liebich gemalte Grabstätte Hansjakobs in Hofstetten.

beigeströmt waren und dem Trauerzug folgten, der Haslacher Stadtpfarrer Albrecht das Wort und zeichnete noch einmal das Bild des Menschen, Priesters und Volksschriftstellers Heinrich Hansjakob.

Dann bewegten sich die Trauergäste hinauf zur »Brand«, einem idyllisch und aussichtsreich über dem Tal gelegenen Fleckchen Erde, das der Pfarrdichter bei den Besuchen in seinem »Paradies« in Hofstetten gerne zum nachdenklichen Verweilen aufsuchte und wo er sich Jahre zuvor eine Kapelle und seine eigenen Grablege erbauen ließ.

Als der Leichnam in die vorgefertigte Gruft eingebettet worden war, sprach Bürgermeister Fackler von Haslach zur Trauerversammlung. Ihm folgten die Vertreter der Freiburger Pfarrgemeinde St. Martin, der Stadt Freiburg, der Seegemeinde Hagnau, des Volkstrachtenvereins des Schwarzwaldes, der Heimatschutz-Bewegung, des Landesvereins »Badische Heimat« und zuletzt Rechtsanwalt Fehrenbach. Gegen 19 Uhr endeten die Begräbnisfeierlichkeiten, die vom Kirchenchor, der Stadtmusik und dem Gesangverein »Harmonie« aus Haslach mit erhebenden Weisen musikalisch umrahmt wurden.

Unter den überaus vielen Beileidsbezeugungen die zum Tode des Volksschriftstellers in Haslach eintrafen, seien die des Großherzogs, seiner Gattin, des Erz- und Weihbischofs von Freiburg besonders hervorgehoben. Der Haslacher Gemeinderat beschloß einstimmig, zum Gedenken an ihren verstorbenen Ehrenbürger ein Denkmal errichten zu lassen. – Erst 1987 wurde dieser Beschluß Wirklichkeit. – In seinem Testament hatte Hansjakob noch einige mildtätige Stiftungen für Haslach und Hofstetten verfügt. In über 300 deutschen und 30 ausländischen Zeitungen wurde anläßlich des Ablebens des großen Schwarzwälders auf dessen Persönlichkeit lobend und ehrend eingegangen.

So war der Tod, der Hansjakob kurz vor Vollendung seines 79. Lebensjahrs ereilte, nochmals umfassender Anlaß sein

Leben, Wirken und seine Verdienste gebührend in Wort und Schrift herauszustellen: als Meister der Volksdarstellung, als volksnaher Priester, gefeierter und begehrter Kanzelredner, der seiner Kirche zwar nicht immer bequem war, aber der er zeitlebens glaubensstark die Treue hielt. Erinnert wurde an seine impulsive, mitunter wegweisende Tätigkeit als Politiker, Anwalt des einfachen Volkes und Förderer des Genossenschaftswesens. Dank erfuhr der Berichterstatter von Land und Leuten, daß er in vielen seiner über 70 Buchveröffentlichungen das historisch-kulturelle Leben des 19. Jahrhunderts festgehalten hat und ein großer Förderer von Sitte und Brauchtum gewesen ist. Ebenso vergaß man nicht sein Eintreten für die Ökumene und die Völkerverständigung.

Noch mehr, auch nachdem die heimatliche Erde den stets »Ruhelosen« seit über 75 Jahren deckt, ist die Erinnerung an die hehre Gestalt im schwarzen, breitrandigen Schlapphut noch lebendig wie zuvor, leuchtet sein unvergängliches Erbe in unsere Tage, in unsere Zeit. Davon künden allein schon die rund 30 Bände aus seinem Schrifttum, die in den letzten Jahrzehnten mit großem Erfolg erneut aufgelegt worden sind. Dies bezeugen aber auch viele Menschen, die sich immer wieder mit dem Leben und Schaffen Hansjakobs befassen, es bewahren, ergänzen, kritisch hinterfragen – warum auch nicht, immerhin zeitgemäß – und es für die Gegenwart und Zukunft aufbereiten.

Der Sänger des Schwarzwaldes

Im Jahre 1889 veröffentlichte der Lahrer Poet und Bankier Friedrich Geßler zusammen mit seinem Freund Ernst Scherenberg den Gedichtband »Aus dem Schwarzwald – Gedichte von Ludwig Auerbach«, um damit ein tragisches Dichterleben der Vergessenheit zu entreißen und es gleichzeitig in das Bewußtsein seiner Zeit zu rücken. Dem Vorwort ist zu entnehmen: »Eine ansehnliche Zahl guter Freunde hat es sich angelegen sein lassen, dem heimgegangenen Dichter Ludwig Auerbach durch die Sammlung, Sichtung und Herausgabe seiner in Tagebuchblättern, Zeitschriften, Almanachen usw. zerstreut erschienenen lyrischen Gedichten ein literarisches Denkmal zu schaffen, einmal, damit sein Gedächtnis in der Welt bleiben möge, wie es die Freunde in sich tragen . . .«.

Trotzdem ist es um diese Dichterpersönlichkeit bald ruhig geworden, und wäre nicht das unvergängliche Loblied auf den Schwarzwald »O Schwarzwald, o Heimat, wie bist du so schön« aus seiner Feder geflossen, sein Name wäre schon längst im Meer der Vergangenheit untergegangen. Nicht selten wird er sogar mit dem Autor der »Schwarzwälder Dorfgeschichten«, Berthold Auerbach, verwechselt, mit dem er lediglich den Namen und die Liebe zum Schwarzwald teilte. Dort, wo Nagold und Enz gemeinsam das Tor zum Nordschwarzwald öffnen, in Pforzheim, trat Ludwig Auerbach am 5. September 1840 als Sohn eines Schmuckwarenfabrikanten und einer schwäbischen Mutter seinen Lebensweg an. Hätte er seiner inneren Stimme, seinem sehnlichsten Wunsche folgen dürfen, so hätte er sich nach der Gymnasialzeit über ein Studium der Literatur der Dichtkunst verschrieben. Dies dokumentierte der erst Achtzehnjährige mit einem mittelalterlichen Heldenepos »Bellrem von Weißenstein«, einer gemütvollromantischen Rittersage aus der Zeit der Kreuzzüge (1860 in Pforzheim erschienen).

Selbst der damalige Großherzog Friedrich I. wollte, durch ein Gedicht Auerbachs angeregt, dem schwärmerischen Jüngling durch ein großzügiges Stipendium den Weg zum Parnaß öffnen. Doch das Wort des Vaters mußte befolgt werden! Der junge Auerbach absolvierte eine Kaufmannslehre und trat dann in den väterlichen Familienbetrieb ein. Später verband er sich sogar mit seinem Schwager zu einer gemeinsamen Firma »Katz und Auerbach«, in der sich vor allem vornehme Kunden aus dem Lande des Zaren mit der hohen Kunst der Pforzhei-

Der Schwarzwalddichter
Ludwig Auerbach.

mer Goldschmiede bedienen ließen. Verschiedene Geschäfts-
reisen führten den Unternehmer des rund 100 Beschäftigte
zählenden Betriebes in verschiedene europäische Großstädte.
Doch das Herz Auerbachs hing nur vordergründig und
gezwungen am elterlichen Erbe. Vielmehr zog es ihn nach des
Tages Mühen hinaus in Wald und Flur, um dort die Sorgen
abzustreifen, seinen Geist, sein Gemüt aufquellen zu lassen
und voll innerer Seligkeit und Befriedigung den Pegasus zu
besteigen. Dann fügte er die Schwingungen seiner Seele, die
geheimen Laute seines Herzens über die Heimat, die Erde bis
hin zum Unendlichen, zum Schöpfer, in Reime.

Diese Lieblingsbeschäftigung bescherte ihm die Freund-
schaft mit so manchem Dichter seiner Zeit. Mit seinem
Gedicht »O Schwarzwald, o Heimat«, das zunächst von Franz
Abt, dann aber als Volkslied vom Gengenbacher Carl Isen-

mann vertont wurde, setzte er sich ein unvergängliches Denkmal und schuf die bisher bekannteste Lobeshymne auf den von ihm so geliebten Schwarzwald. Die wirtschaftlich-politische Entwicklung in den siebziger Jahren des letzten Jahrhunderts (»Wiener Bankkrach« 1873) verschonten auch sein Unternehmen nicht und drückten es in den Ruin, wodurch seine materielle Existenz und sein seelisches Gleichgewicht ins Wanken gerieten. In seiner Not erreichte ihn ein Angebot der »Wiener Freien Presse« zur Mitarbeit, eine Möglichkeit für den bereits geschätzten Lyriker, nun doch noch seinem Herzensanliegen, der Dichtkunst, ganz zu frönen. Er nahm jedoch die Einladung seines Lahrer Dichterfreundes Geßler an und siedelte mit seiner Familie zunächst an den Fuß des Schutterlindenberges und bald darauf in die einstige geroldseckische Residenz nach Seelbach ins Schuttertal über (1877).

Dort mühte sich der mehr mit einem zarten Gemüt, einer empfindlichen Seele denn mit einem harten, geschäftssinnigen Intellekt besaitete Auerbach als Geschäftsführer der »Großen Schutterfabrik« um die Herstellung des »Strohstoffs«, der anschließend zu Papier weiter verarbeitet wurde. Der Name seiner Wohnstätte in der »Villa Sorgenfrei«, einem Nebengebäude des Betriebs, durfte leider nicht als Hinweis auf seine wirtschaftlichen Verhältnisse gewertet werden. Die Verarbeitung des von den Bauern der Umgebung und aus dem Elsaß angelieferten Strohs wollte nicht florieren. Deshalb suchte er Trost, Kraft und Ablenkung in der Natur, am Bronnen der Heimat, im Reiche der Poesie, der er durch viele Verse und Reime gerne seinen Tribut entrichtete. Von finanziellen Nöten gedrückt und von schwelender Krankheit gezeichnet, spürte er sein frühes Ende kommen, wenn er da schrieb:

> »Als drückten Geisterfinger
> mir heimlich die Augen zu,
> beschleicht mich süßes Müdsein,
> ein Ahnen unendlicher Ruh.«

Die Grabstätte Auerbachs
auf dem Pforzheimer Friedhof.

Im besten Mannesalter von 42 Jahren, am 22. Juli 1822, wurde er zu seiner »unendlichen Ruhe« gerufen und auf dem Hauptfriedhof der Goldstadt der heimatlichen Erde übergeben, beweint von seiner Witwe, einem Sohne und einer Tochter sowie einer großen Zahl von Dichter- und Heimatfreunden.

Schon zwei Jahre später ließ seine Heimatstadt auf das Grab des Spätromantikers einen Gedenkstein setzen, den Ernst Scherenberg mit folgendem Vers zierte: »Der Heimat schlug dein Herz, erklang dein Wort, des Schwarzwald-Sängers lebst du in ihm fort!« 1889 erschien dann der Gedichtsband »Aus dem Schwarzwald«, der noch eine zweite Auflage erleben durfte. Noch einmal ehrte seine Geburtsstadt Pforzheim den Schwarzwalddichter voll Gemüt, Herz und Seele, in dem sie bei der Einmündung der Würm in die Nagold, beim Kupferhammer, einen Gedenkstein (1927) aufstellen ließ. Aber auch in Seelbach fühlte man sich dem Poeten verpflichtet, gab einer Straße seinen Namen und schmückte das einstige Wohnhaus bereits Jahre zuvor mit einer Tafel: »Hier lebte und starb der Schwarzwalddichter Ludwig Auerbach, geb. 5. September 1840 in Pforzheim, gest. 22. Juli 1882 in Seelbach. Gewidmet vom Schwarzwaldverein Ortsgruppe Seelbach 1922«.

Später – 1932 – ließ wiederum der Schwarzwaldverein droben auf dem Lauenberg zum Gedenken an Ludwig Auerbach einen Brunnen errichten. Hier oben, am Wanderpfad Seelbach-Langenhard, weilte einst der Dichter öfters, um in lichten Höhn die Mühen des Alltags zu vergessen und die Heimat zu besingen. Nachdem 1945 die »Villa Sorgenfrei« zerstört worden war, errichteten die Seelbacher in der Nähe beim »Schutterbänkli« 1975 dem Dichter der Verse »O Schwarzwald, o Heimat« ein steinernes Denkmal.

Schon 1953 hatte der heimatverbundene »Stuben-Baader« – Oberlehrer Emil Baader – zum 70. Todestag des Dichters – im Hotel Löhr in Seelbach eine »Ludwig-Auerbach-Stube« eröffnet. Dadurch sollte die Erinnerung an diesen Mann erhalten oder geweckt werden, an dessen Lebensweg wenig Rosen blühten, aber um so mehr Dornen stachen, eines Menschen, der heiter und leutselig, aber auch still, einsam und vergrämt sein konnte, doch in allen Lebenslagen das Lied der Heimat, des Schwarzwaldes, auf den Lippen trug.

Zwei Sterne am Malerhimmel des Schwarzwaldes

Die Namen der beiden Maler Hasemann und Liebich sind unzertrennlich mit dem Schwarzwald verbunden. Mehr noch, wer vom heimatlichen Volksleben, von Sitte und Brauchtum, gar von der Tracht und hierbei besonders von der Gutacher mit dem weltberühmt gewordenen roten Bollenhut spricht, muß auf die beiden Künstler stoßen. Durch ihre Werke sangen sie unseren Bergen und Tälern den Menschen bei ihrer Arbeit und ihrem Feierabend ein Loblied und setzten mit Strich und Pinsel in leuchtenden und verhaltenen Farben die Noten zu einer unvergänglichen Harmonie von Mensch, Natur und Heimat.

Ihre Bilder strahlen den verklärten bäuerlichen Alltag aus, weitab von Sorge und Mühen, die auch unsere Vorfahren trieben, oder sie offenbaren die Stille, die Schönheit und Geborgenheit um Gutach und Kinzig, eine Landschaft, die sie durch ihre Kunst in aller Welt bekannt und beliebt machten. Dann aber das Erstaunliche und Eigenartige: weder die Wiege des einen noch des anderen stand hier bei uns im Schwarzwald! Beide waren Zugereiste, Hereingeschmeckte, »Schierebierzler«, wie der Volksmund sie nennt. Doch ihre Liebe zu unserem Gebirge, das Einfühlen in die Volksseele des Schwarzwälders, ihr geselliges, leutseliges Wesen und das Aufblühen ihrer Schaffenskraft und -freude ließen sie hier heimisch werden. Wurzeln schlagen, sogar zu Kündern und Sängern unserer Schwarzwaldheimat werden. Wenn wir die Malerprofessoren in einem Atemzug nennen, dann aus der Tatsache heraus, daß beide in Gutach an der Schwarzwaldbahn lebten, malten und wirkten, sich im Stilempfinden und in der künstlerischen Aussage ähnelten und neben ihrer familiären Verbundenheit noch viele Gemeinsamkeiten aufwiesen. Zufälligkeiten lenkten dabei ihre Schritte in das damals noch wenig bekannte Gutachtal, in das »Malerdorf«, um dort den Spuren, der Tradition der Meister von Pinsel und Farbe – Benjamin Vautier, Oskar Hagemann und Carl Heinrich Lucas – zu folgen.

So reist Wilhelm Hasemann im Jahre 1880 im Auftrage des Stuttgarter Verlages Cotta nach Gutach. Er soll dort die geeigneten Motive zur Illustration der Schwarzwälder »Dorfgeschichten« eines Berthold Auerbach suchen und anfertigen. So sehr die Bilder dem Erzähler gefallen, der Verleger in Stuttgart weist die Arbeit zurück. Zwar hatte Hasemann einen

Wilhelm Hasemann
vor seinem Gutacher Atelier

gewinnbringenden Auftrag verloren, dafür aber eine neue
Heimat gefunden. Er blieb in Gutach und ersteht sich in
einem Talzinken das Häuschen eines Schuhmachers und läßt
es ins Dorf versetzen. In der herrlichen Umgebung des
Gutachtales quillt sein Arbeitseifer auf, der, gepaart mit seiner
künstlerischen Veranlagung, seinen Namen als guter und
geschätzter Maler ins Land hinausträgt.

Längst sind die Jahre vorbei, da der am 16. September 1850
in Mühlburg an der Elbe geborene Wilhelm auf des Vaters
Geheiß das Schlosserhandwerk erlernen sollte, doch dann lieber die Wände der Werkstatt mit Zeichnungen »beschmierte«,
als die Feile sicher zu führen. Deshalb entrinnt er sobald wie
möglich dem väterlichen Joch und verliert sein Herz in die
Kunststudien an den Akademien in München, Berlin und
Weimar. Später vervollkommnet er seine Kenntnisse und

215

Fähigkeiten in den Wintermonaten an der Kunstakademie in Karlsruhe, während er den Sommer über in Gutach malt und zeichnet. Seine Trachtenporträts und Landschaftsbilder vom Schwarzwald finden nicht nur Freunde und zahlungskräftige Abnehmer, sondern festigen auch seinen Künstlernamen. Aquarelle und Ölgemälde, die sich durch eine bestimmte Farbenfreudigkeit und durch die Liebe zum Detail auszeichnen, verlassen laufend das »Hasemann-Atelier«, in dem seit 1889 seine treue Lebenskameradin als Seele des Hauses waltet. Aus dieser Lebensgemeinschaft geht ein Jahr später der Sohn Walter hervor, der 1961 im Rufe eines hochverdienten Landesgeologen in Freiburg stirbt.

Erneut lenkt Hasemann die Aufmerksamkeit auf sein Kunstschaffen, als er nicht nur Auerbachs »Lorle« illustriert, sondern im noch größeren Umfange eine Anzahl der gerngekauften volkstümlichen Erzählungen eines Heinrich Hansjakob illustriert. Hansjakob und Hasemann – zwei große Meister in Wort und Bild! Wer würde nicht das bekannte Ölporträt Hasemanns kennen, das der Gutacher Künstler von unserem verehrten Volksschriftsteller anfertigte! Letztlich ist es Hasemann, der durch seine Trachtenporträts den Begriff der »Gutacher Tracht« und der »Mühlenbacher Tracht« prägte, obwohl der Bollenhut nicht nur in Gutach, sondern auch in Kirnbach und Reichenbach (bei Hornberg) getragen wird und die anmutige Goldhaube nicht nur das Privileg der Mühlenbacherinnen ist. Ja, die Trachten unserer Heimat, die wohl sonst nirgends in solcher Vielfalt auf so engem Raum zu finden sind, entflammen sein Künstlerherz. Seine Trachtenstudien sind gerade heute von unschätzbarem Wert. Dabei verflocht er eng die Darstellung der heimischen Trachten mit dem Volksleben.

So läßt er z. B. auf seinem Bild von einer »Burehochzig« vor der Hausacher Dorfkirche eine Vielzahl der Trachten des Kinzigtales aufmarschieren. Viele Titel seiner Bilder, etwa »Schellenmarkt der Hirtenbuben« oder »Flößerbild« lassen Hasemann als Freund und anschaulichen Erzähler von Sitte und

Brauchtum aufleuchten. Sein Gemälde »Wallfahrtskirche« (Triberg) kauft sogar der Großherzog Friedrich von Baden. Als Zeichen seiner Volksverbundenheit mag die Tatsache gelten, daß ihm 1899 die Schwarzwaldvereine Haslach, Hornberg und Triberg auf dem ausblickreichen »Badischen Rigi« dem Farrenkopf, eine »Hasemannhütte« erbauten.

Eines Tages, Hasemann ist bereits ein anerkannter Künstler, klopft ein junger fahrender Maler an die Tür des Gutacher Ateliers: Es ist Curt Liebich, dem der Großherzog von Sachsen Weimar-Eisenach aufgetragen hat: »Wenn Sie in den Schwarzwald reisen, dann gehen Sie nach Gutach und grüßen mir meinen Malerfreund Hasemann . . .«. Liebich findet aber nicht nur an der schönen Landschaft, an der gereiften Person Hasemanns, sondern noch vielmehr an dessen Schwägerin Antonie, der Schwester der Künstlergattin, Gefallen. Diese erste Begegnung im Hause Hasemanns endet nach fünf Jahren, 1896, am Traualtar. Curt Liebich wurde am 17. November 1868 in Wesel geboren. Mit seinem Vater, einem Staatsbeamten, siedelte er nach 1871 ins Elsaß über und drückte mit Albert Schweitzer in Colmar die Schulbank. Was sagte einmal der Zeichenlehrer zu dem später so gefeierten Schwarzwaldmaler? »Liebich, du wirst das Zeichnen nie erlernen!« Ein Fünfer im Zeugnis sollte diesen Standpunkt erhärten. Nach dem Abitur in Dresden zieht Liebich auf die Akademie nach Berlin und läßt sich dort in die Geheimnisse der Bildhauerei einweihen. Später soll ihn dann die Kunstakademie in Weimar in den richtigen Umgang mit Stift und Pinsel führen.

Als fahrender Scholar sucht er nicht nur den Weg ins Gutachtal, auch das Nordkap, Italien oder Algerien sind einige Ziele seines Wandertriebes, die ihn mit vielen Eindrücken und Anregungen überschütten und dann in der Ruhe des Schwarzwaldes Früchte tragen. Gleich seinem Schwager Hasemann liebt er das Einfache, Ehrliche, Ungezwungene, vor allem die künstlerische Freiheit. Deshalb lehnt er das Schablonenhafte, das Vorgezeigte ab. Das Leben, Lieben und

Leiden des einfachen Volkes und die Schönheit der Natur
beflügeln seinen Geist, seine Sinne und Künstlerhände. Als
leutseliger Mensch und begehrter Gesellschafter öffnet er die
Herzen der sonst zurückhaltenden Schwarzwälder Bauern
und Handwerker, die seine Bilder beleben. Er wird bald
gesuchter Buchillustrator, gewinnt durch seine meisterhaften
Darstellungen die Zuneigung der Leserschaft und hilft so, die
Bücher eines Hansjakob, Viktor von Scheffel, Johann Peter
Hebel, Ganghofer, Richard Voß oder einer Hermine Villinger
zu verkaufen. Mit Hansjakob bemühte er sich um die Erhaltung der Trachten und fertigt unzählige Trachtenstudien aus
der Landschaft zwischen Bodensee und Rhein an.
   Vieles, was über Hasemann gesagt werden kann, trifft auch
auf Liebich zu und umgekehrt. Neben die familiäre Verwandtschaft tritt die künstlerisch-geistige. Als Meister der Land-

schaftsmalerei, der Buchillustration und des Porträts – wie
viele alte Gutacher mag er hierbei verewigt haben – wird Liebich sogar zum Herold der Volkskunde. Dann aber läßt Liebich noch eine andere Saite zum kunstvollen Spiel erklingen,
die Bildhauerei. In den zwanziger Jahren fertigt er für die
Gemeinden Gutach, Schapbach, Reichenbach (bei Hornberg),
Dunningen, Geisingen, Rhina am Hochrhein und Klein-Laufenburg aussagekräftige Kriegerdenkmäler an. Dabei entwikkelt er eine neue Sinngebung. Er glorifiziert nicht das Heldentum, den »Heldentod«, sondern spricht aus der Seele des Volkes, das da um seine Toten trauert, gestaltet den Schmerz, das
Leid, das Eltern, Frauen und Kinder durch den Verlust ihrer
Lieben zu Boden drückt. Trauer und Mahnung, nicht Heldenpathos und Opferfreudigkeit strömen seine ergreifenden Darstellungen aus. So stehen wir im Geiste vor der »Trauernden«

des vielbesuchten und -bewunderten Kriegerdenkmals in Gutach, die erste, aber auch überragendste Arbeit des Bildhauers Curt Liebich.

Dann streben wir gemessenen Schrittes an der schmucken Dorfkirche vorbei der jenseitigen Friedhofsmauer zu. Dort halten Granitfindlinge bronzene Tafeln fest, die uns verkünden: »Seine Kunst Wahrheit und Schönheit – Sein Wesen Güte – Wilhelm Hasemann – Gestorben 28. November 1913.« – »Von Gott begnadet/Von Heiligem Feuer die Seele durchatmet/Ist er aufrecht und ohne Bangen/Durch starkes, schweres Leben gegangen/und hat es, von Unendlichem bewegt/ zurück in des Ewigen Hände gelegt. – Curt Liebich«. Am 12. Dezember 1937 hat er das Zeitliche verlassen. Wilhelm Hasemann und Curt Liebich, zwei leuchtende Sterne am Malerhimmel des Schwarzwaldes. Dort, wo sie das Herz an die Natur und ihre Menschen verloren haben, wo ihre zeitlose Kunst reiche Frucht getragen hat, wollten sie mit ihren Lieben begraben sein.

Doch lassen wir, was uns die Erde genommen hat. Eilen wir zurück zu den Lebenden. In der »Linde« hält eine »Liebich-Hasemann-Heimatstube« das Andenken an die beiden Künstler fest. Noch mehr, von den Nachfahren liebevoll gepflegt, atmet noch der Geist der beiden Künstler in ihren Gutacher Ateliers, aus denen einst ihre Werke den Weg in die Welt genommen haben, um dort ihre Genialität zu preisen, unseren Schwarzwald zu verherrlichen.

Ein Universalgenie

Der Name Robert Gerwig wird unzertrennlich mit dem Bau der Schwarzwaldbahn verbunden bleiben. Sie stellt gleichsam die Krone, das Meisterwerk seines vielseitigen und unerhört umfangreichen Wirkens dar. Doch man würde der unermüdlichen Schaffenskraft dieses genialen Baumeisters nicht gerecht werden, wollte man nur diesen einen Glanzpunkt seines weitreichenden Lebenswerkes erwähnen, um dadurch gleichsam nur eine Anekdote aus seinem bunten, vielgestaltigen Lebensband zu zitieren.

Beim Erbauer der Schwarzwaldbahn begegnen wir einem Techniker wie auch Praktiker, dem noch das Prädikat »universal« zuerkannt werden darf, einem Menschen, der sich nicht nur als Spezialist bewährt hat, sondern der stets – und meist mit Erfolg – darum bemüht war, die Aufgaben, die ihm das Leben, die Umwelt gestellt hat, meisterhaft zu lösen. Der Eisenbahnbau wurde ihm nicht mit in die Wiege gelegt, denn als er am 2. Mai 1820 in der Goldschmiedestadt Pforzheim als Sohn des damaligen Ministerialrevisors Christian Gerwig geboren wurde, hatte man von der Eisenbahn noch keine Ahnung, wenn auch einige Jahre zuvor (1814) die von Ste-

Das Universalgenie
Robert Gerwig.

phensons erbaute Hochdrucklokomotive schon einen Kohlenzug zog. Erst Jahre später (1830) wird in England die Bahnlinie Manchester-Liverpool eröffnet und damit der Siegeszug der Dampflokomotive ausgelöst. 1835 legen die Deutschen dem ungestümen Dampfroß einen Schienenstrang von Nürnberg nach Fürth.

In dem Jahr, in dem die erste badische Eisenbahnlinie von Mannheim nach Heidelberg in Betrieb genommen wird (1840), gibt der junge Gerwig bei der Abschlußprüfung auf dem von Oberst Tulla gegründeten Karlsruher Polytechnikum mit der Note »vorzüglich befähigt« Zeugnis von seiner technischen Begabung und seinem durchdringenden Geist. Der Eintritt in den staatlichen Dienst führte ihn zunächst mit dem Wasser- und Straßenbau zusammen, wo er in Bruchsal, Freiburg und Rastatt als Praktikant die ersten Erfahrungen sammelt. Nach der Versetzung an die Oberdirektion für Wasser- und Straßenbau in Karlsruhe kommt er näher mit dem aufkeimenden Eisenbahnbau in Berührung, für den diese Dienststelle ebenfalls verantwortlich zeichnet. Doch der »Ingenieur« beweist noch für einige Jahre im Straßenbau seine vielseitige technischen Fähigkeiten.

Nach seinen Plänen und unter seiner Leitung entstehen folgende Straßen, die Gerwig mit den besonderen, oft erschwerenden Verhältnissen des Gebirges vertraut machen und ihm das notwendige praktische Rüstzeug für den späteren Gebirgsbahnbau geben sollten: St. Blasien – Albbruck, Gütenbach – Furtwangen, Vöhrenbach – Villingen, Neustadt – Hammereisenbach, Titisee – Schluchsee und die Murgtalstraße. Verkehrswege, die ob ihrer kühnen Führung noch heute gelobt werden und im Zeitalter der Touristik dem Fremden die Schönheit der jeweiligen Landschaft erschließen. Dabei werden die Vorrichtungen, die Paßstraßen vor den winterlichen Schneeverwehungen zu schützen, als vorbildlich bezeichnet. Zu dem weitgesteckten Arbeitsfeld Gerwigs gehören aber auch Flußkorrektionen, die Fassung der Heilquellen in Baden-

Baden und Badenweiler sowie die Wasserversorgung der Städte Karlsruhe und Radolfzell.

Was aber die Persönlichkeit Gerwigs bis in unsere Tage so anziehend macht, ist der Umstand, daß er sich nicht nur in seinem Fach zu Hause fühlte, nur der geborene Techniker war, sondern sich auch auf anderen Gebieten bewährte. So sei nur kurz erwähnt, daß er sich auch als Botaniker, vor allem in der Mooskunde, einen Namen in der Fachwelt sicherte. Die bekannte Uhrmacher-Schule in Furtwangen (heute Fachhochschule), eine Hochburg des traditionellen Schwarzwälder Tüftlergeistes, wird nicht nur von ihm gegründet, sondern auch im staatlichen Auftrage von ihm einige Jahre geleitet. Aus der gleichen Richtung dürfte die Fürsorge kommen, die Gerwig dem weiteren Ausbau der Strohflechterei und der Förderung der Holzerzeugnisse als Erwerbsgrundlage eines Teiles der Wäldler angedeihen ließ.

Seiner Anteilnahme am Wohl und Wehe seiner Mitmenschen wird es zuzuschreiben sein, daß der Vollbluttechniker auch im politischen Alltag zu finden ist. Als Vertreter der National-Liberalen-Partei des Wahlkreises Hornberg-Wolfach-Triberg-Furtwangen gehört er zunächst der Zweiten Kammer der Badischen Landstände an, vertritt dann Pforzheim im Landtag und wird später sogar Reichstagsabgeordneter des Gebietes Villingen-Bonndorf.

Im Jahre 1853 wechselt der inzwischen zum Baurat beförderte Gerwig endgültig von der Straße auf die Schiene über, als er mit der Oberleitung des Ausbaus der Eisenbahnlinie Basel – Konstanz betraut wird. Jahre später (1857) erreicht ihn ein Auftrag, der ihn für nahezu zwei Jahrzehnte beschäftigen sollte, seine ganze Genialität forderte, um dann den Lorbeer der Weltberühmtheit um sein Haupt zu legen: die Überwindung des Schwarzwaldes auf dem Schienenweg.

Schon seit Jahren stand der Plan im Raume, dieses Gebirge von Offenburg aus durch das Kinzigtal zu überwinden, so daß schon vor Gerwig Ideen entwickelt wurden, dieses Problem zu

Dieses Denkmal in Triberg will an den Erbauer der Schwarzwaldbahn erinnern.

lösen. So bestand bereits eine geplante Linienführung von Haslach durch das Prechtal – Furtwängle – Bregtal – Donaueschingen, die sogenannte »Bregtallinie«, und im Gegensatz dazu die »Schiltachlinie«, die von Schiltach über Schramberg, das württembergische Ausland, auf die Baar führen sollte. Beide Vorschläge fanden aus verschiedenen Gründen wenig Gegenliebe, so daß Gerwig in mühevoller Kleinarbeit und unter Überwindung von vielen Vorurteilen seinen Plan, die »Sommeraulinie«, heranreifen läßt. Im November 1873 ist die gesamte Strecke, die »Schwarzwaldbahn«, von Offenburg über Triberg – Villingen bis Konstanz befahrbar. Gerwig hat sein Meisterwerk geliefert!

Der Oberbaurat und spätere Baudirektor lehnt eine ganze Anzahl ausländischer Berufungen ab und bleibt seiner badischen Heimat treu. Auf Anraten seiner vorgesetzten Behörden nimmt er dann doch das Angebot an, als Ingenieur beim

Bau der St. Gotthardbahn mitzuwirken. Nach vielerlei Enttäuschungen und persönlichen Kränkungen kehrt er nach drei Jahren wieder zurück und wird in der Folgezeit zum Leiter der technischen Abteilung der Generaldirektion der Badischen Staatsbahnen ernannt. Eine wohlverdiente Ehrung wird ihm zuteil, als er (1880) zum ordentlichen Mitglied der Preußischen Königlichen Akademie berufen wird.

Noch einmal setzt Gerwig seine ganzen Kräfte ein, um den Schwarzwald zum zweiten Mal zu überwinden. Einmalig gelingt ihm die Planung der Höllentalbahn, und die Arbeiten nehmen dann einen zügigen Verlauf. Als der Großherzog 1887 diese Bahnlinie eröffnet, fehlt die Hauptperson: Robert Gerwig wurde bereits zwei Jahre vorher durch einen Schlaganfall mitten aus einem arbeitsreichen Leben gerisssen, das viele Höhepunkte kannte, dem aber auch steinige Wege nicht erspart blieben. Doch seine Werke tragen seinen Namen in die Zukunft.

Die Tat ist alles ...

Der alte Offenburger Friedhof ist für eine Anzahl bekannter und verdienter Persönlichkeiten zur letzten Ruhestätte geworden. Auch der Erfinder des Drehstrommotors, Friedrich August Haselwander, wurde nach einem bewegten, mit menschlichen Enttäuschungen reichlich bedachten Leben, im März des Jahres 1932 dort zu Grabe getragen. Der verdienstvolle Stadtchronist der Ortenaumetropole, Franz Huber, ließ später auf den Grabstein des »betrogenen Genies« die vielsagenden, aber das Schicksal Haselwanders doch eindeutig charakterisierenden Worte Goethes setzen: »Die Tat ist alles, nichts der Ruhm!«

Und doch schien dem jungen, intelligenten, vor allem naturwissenschaftlich begabten Haselwander die Welt offen zu stehen, nachdem er nach seiner Gymnasialzeit, dem Studium der Physik und der Chemie am Polytechnikum in Karlsruhe und an den Universitäten in Straßburg und München in seiner Heimatstadt eine Werkstatt für Schwach- und Starkstromtechnik eröffnete.

1743 war sein Urahne, Jakob Haselwander, mit seiner Familie von Tirol ins Kinzigtal nach Hausach eingewandert, um als »Kohlermeister auf dem Bergwerk« sein Brot zu verdienen. Unter der Burg Husen lebte zunächst auch noch Haselwanders Vater. Begeistert reihte sich dieser in den Kreis der Revolutionäre von 1848 ein, wurde in Rastatt gefangengesetzt und flüchtete vorübergehend nach Amerika. Zurückgekehrt, heiratete der Eisenbahner eine Offenburgerin aus dem alten Fischer- und Schlossergeschäft Burg.

Dem Ehepaar wurde dann am 18. Oktober 1859 in Offenburg im Eckhaus an der Haupt- und Ritterstraße der Sohn Friedrich August geboren, der aus dem Blute beider Elternteile ein gewisses technisch-handwerkliches Talent ererbt hatte. Diesem konnte er, nachdem er sich durch ein Selbststudium praktische Kenntnisse aneignete, in seiner neugegründeten Werkstätte freien Lauf lassen. Er baute Dynamos, wikkelte Anker und installierte in und um Offenburg, aber auch im Kinzigtal eine große Anzahl elektrischer Anlagen.

Als der Offenburger Gemeinderat die von Haselwander angefertigte und zur Elektrizitätsgewinnung in der Sägemühle aufgestellte Gleichstrom-Dynamomaschine besichtigte, stocherte einer der neugierigen Herren mit seinem Spazierstock in der »Wundermaschine« herum und beschädigte die Drahtwicklung. Bei der Reparatur – es war im Frühjahr 1887 – erfand Haselwander das Prinzip des Drehstroms. In den folgenden Monaten informierte der biedere, grundehrliche Meister die Fachwelt über das von ihm entdeckte System des »offen und geschlossenen verketteten Dreiphasenstroms« und des »geschlossen verketteten Zweiphasenstroms«. Noch im gleichen Jahr setzte er seine theoretischen Erkenntnisse in die Praxis um und baute in der Offenburger Maschinenfabrik Bil-

Der von Haselwander 1885 gebaute Gleichstrom-Nebenschlußmotor.

finger einen Drehstrommotor (Drehstromgenerator), der ab dem 12. Oktober bis in den Sommer 1890 in der Hutfabrik Adrion lief, dann aber auf Betreiben des Offenburger Postamtes wegen einer angeblichen Störung der Telefonleitung abgestellt werden mußte.

In seiner Freude über die Entdeckung hatte Haselwander nicht gleich an einen rechtlichen Schutz für seine epochemachende Erfindung gedacht. Erst nach Jahresfrist reichte er seine »Fernleitung der Elektrizität« als Patent ein. Wegen eines Formfehlers wurde der Antrag zurückgegeben. Nach dem zweiten Anlauf wurde ihm, nachdem wertvolle Zeit verstrichen war, das Patent Nr. 55978 am 7. Oktober 1890 zuerkannt. Doch siehe da, es wurden bereits von anderer Seite Drehstromgeneratoren nach seinem System gebaut. Noch mehr, kaum wurde Haselwanders erster Antrag zurückgewiesen, da reichte wenige Tage später ein anderer Elektotechniker die Entdeckung beim Reichspatentamt ein. Erwiesenermaßen stand dieser »Erfinder« mit Haselwander in nahem Kontakt. Zu einem langwierigen Rechtsstreit, aber auch zur Eröffnung einer eigenen, konkurrenzfähigen Generatorenfabrik fehlte dem Offenburger das nötige Kapital.

Anläßlich der vielbeachteten Elektroausstellung in Frankfurt (1891) wurde vom württenbergischen Kraftwerk Lauffen am Neckar über 120 Kilometer weit Drehstrom von einem Konkurrenzunternehmen nach Frankfurt geleitet. Auch Haselwander war dort mit einer, wenn auch kleineren, Anlage vertreten, die den Strom aber nur vom nahen Offenbach bezog und in der Ausstellung Industriemaschinen antrieb. Enttäuscht und entmutigt mußte Haselwander erkennen, wie andere das Kapital aus seiner Erfindung schlugen, wie sehr er um die Früchte seiner Arbeit betrogen wurde.

Verbittert zog er sich für Jahre zurück. Doch sein tatendurstiger Geist ließ ihn nicht zur Ruhe kommen, obgleich er sich völlig aus dem Bereich der Elektrotechnik zurückgezogen hatte. Mit zäher Energie wandte er sich dem Rohölmotor zu und erfand durch die Anwendung der »Vorkammereinstäubung« und der »offenen Düse« den »kompressorlosen Rohölmotor«, der erstmals am 1. August 1898 in Mannheim-Neckarau lief und die Fach- und Industrieleute in Erstaunen setzte. Damit hatte Haselwander sein Ziel erreicht, eine mit flüssigem Brennstoff angetriebene Verbrennungskraftmaschine zu bauen, die bei gleichem, wenn möglich sogar geringerem, Ölverbrauch als der Dieselmotor mindestens die Hälfte mehr Leistung erbrachte als dieser und das bei gleichem

Gewicht. Diese bereits 1897 patentierte Erfindung brachte den ersehnten Antriebsmotor für kleinere Betriebe, Fahrzeuge und die Landwirtschaft.

Leider wurde auch hier der Schöpfer des Werkes um seinen Lohn, um die Anerkennung, gebracht. Einer damaligen Fachzeitschrift war zu entnehmen: »Auch in Bezug auf die vorliegende Brennstoffeinstäubung ist, wie schon der weitgehende Schutzanspruch des Patents Nr. 136940 erweist, Haselwander als der Pioniererfinder anzusehen. Es ist verwunderlich, daß er seine vielen Nachahmer nicht tributpflichtig gemacht hat.« Auch weiterhin wandte die Glücksgöttin ihre Blicke von ihm ab. Die Rastatter Firma, die seine Motoren baute, machte Bankrott. Im letzten Augenblick rettete er noch seine Patente. Lizenzverträge mit Amerika und Schweden brachten den Geldhahn etwas zum Tropfen. Seine Motoren wurden sogar in die amerikanischen und englichen Unterseeboote eingebaut.

Der Erste Weltkrieg und dessen Folgen trafen Haselwander erneut materiell sehr schwer. Dann aber fiel im Mai 1920 kurz ein Lichtstrahl auf seinen Lebensweg: »In Würdigung seiner für die spätere technische und wirtschaftliche Entwicklung der elektrischen Energieübertragung auf dem Gebiete der Mehrphasenströme, insbesondere des verketteten Dreiphasenstroms« gemachten Erfindungen wurde Haselwander die Ehrendoktorwürde der Technischen Hochschule Karlsruhe verliehen. Und doch sollten Not, Entbehrung und der bohrende Zweifel am Menschen und der Gerechtigkeit weiterhin unter seinem Dache wohnen. Zusehends wurde sein wacher, unruhiger Geist von einem müden, kranken Körper eingeengt, so daß seine Gedanken nur mit Mühe von der gichtgeplagten Hand auf das Papier weitergegeben wurden. Vergrämt und verbittert starb Haselwander am 14. März 1932 als ein Mann, der in seinem Leben große Taten vollbrachte, für die sich aber andere mit Ruhm bedeckten.

Jene Maschine aber, die sich 1887 erstmals in der Offenburger Hutfabrik drehte, wurde später als der erste Drehstromge-

Friedrich August Haselwander, das »betrogene Genie«.

nerator der Welt im Ehrensaal des Deutschen Museums in München aufgestellt. Seine Vaterstadt Offenburg ehrte »den Erfinder des Drehstrommotors und des kompresserlosen Oelmotors« mit einer Gedenktafel am Geburtshaus und einer »Haselwanderstraße«. Die badische Schulbehörde gab der früheren Offenburger Bezirksgewerbeschule den Namen »Friedrich-August-Haselwander-Gewerbeschule«. Auch Hausach als die Heimat der Eltern und Großeltern dieses großen Geistes belegte eine Straße mit seinem Namen. Dadurch fanden die Taten Haselwanders – wenn auch verspätet – doch noch Ruhm und Anerkennung . . .

Ein genialer Baumeister des Barocks

Gleich einer leuchtenden, weithin sichtbaren Fackel ragt aus dem barocken Zeitalter ein Name auf, der in den Landen am Rhein, Schwarzwald und Bodensee einen hehren Klang hat und mit einer Anzahl prächtiger in fast unvergleichbarer Schönheit erstrahlender Barockbauten verbunden ist: Peter Thumb. Ohne den Ruhm und das Können seiner Zeitgenossen zu schmälern, gebührt ihm die Ehre, als der erste Vertreter der Vorarlberger Schule angesehen zu werden, ein Kreis begnadeter Meister, die den südwestlichen deutschen Sprachraum mit einer großen Zahl barocker Glanzperlen übersät haben. Neben der Baumeisterfamilie Thumb stehen die Künstler Mossbrugger und Franz Beer in der vordersten Reihe einer schwingenden, klingenden, ja himmlischen Stilepoche, die, von baufreudigen Mäzenen beflügelt und getragen, unersetzliche Werke geistseelischer Sinnenfreude erstehen ließ.

Als Peter Thumb am 18. Dezember 1681 in Bezau im Bregenzer Wald geboren wurde, standen bereits zwei anerkannte, ihm verwandtschaftlich sehr nahe Sterne am auflebenden Barockhimmel: sein Vater Michael Thumb und dessen Bruder, der Onkel des kleinen Peter, Christian Thumb von Au im Vorarlberg. Durch derlei Blutströme bereits vorbelastet, wandte sich auch Peter Thumb der Baukunst zu und fand in seinem Vater, dann aber besonders auch in Franz Beer vorzügliche Lehrmeister, die seine handwerkliche Begabung, mehr aber noch seine künstlerische Ader, seinen Genius zu wecken und zu fördern verstanden. Es gelang sogar, die beiden bedeutenden Baumeistergeschlechter Thumb und Beer eng aneinander zu knüpfen, denn Peter Thumb heiratete die Tochter seines Vorbildes Franz Beer. Von dessen virtuoser Formkraft zeugt heute noch der himmelanstrebende Turm der einstigen Abteikirche von Gengenbach.

Die politischen Verbindungen des Hauses Österreich mit den südwestdeutschen Regionen zogen den jungen tatendurstigen Thumb auch in unsere Breiten. So hinterließ er seine Spuren im elsässischen Ebersmünster, in St. Trudpert im Münstertal und bei der barocken Ausgestaltung des Klosters Schwarzach. In den Jahren 1718 bis 1734 wirkte er in der Abtei Ettenheimmünster. Nachdem er im Schwarzwaldkloster St.

Die Klosterruine von Frauenalb.

Peter sein geniales Können unter Beweis stellen konnte, brachte ihn die Empfehlung des begeisterten Abtes zu den Nonnen von Frauenalb, deren Kloster er zu einer »duftigen Blüte im Kranze Thumbschen Schaffens« erstehen ließ.

Gerne hätte ihn darauf der badische Markgraf für sein Rastatter Schloß an die Murg geholt, denn Thumb eilte bereits der gute Ruf voraus, daß er mit der »Selbstsicherheit eines begnadeten Meisters« an seine hochgestellten Aufgaben gehe. Neid und Intrige hielten allerdings den »fremden Eindringling« von diesem lohnenden Auftrag fern. Dann aber begegnen wir dem vielbeschäftigten Vorarlberger im Dienste des Abtes von Schuttern, dem er das Propsteigebäude errichtete.

Seine meisterhaften Spuren hinterließ er auch bei Arbeiten in den Klöstern Rheinau bei Schaffhausen, Friedenweiler und

In Hilzingen weist dieses Wandbild auf den großen Barockmeister Peter Thumb hin.

Tennenbach, ebenso in Lichtental (Baden-Baden), Günterstal und St. Ulrich bei Freiburg.

Seine weitgespannte Meisterschaft konnte er aber erst vollends entfalten, als ihn der Salemer Abt anstellte, über den Gestaden des Bodensees das Kloster Birnau (Propstei) zu erstellen. Hier schuf Thumb sein Hauptwerk (1746–1750), dem er den Schwung des Spätbarocks in die aufjauchzende, nahezu schwerelose Freude des Rokokos überleitete. Gleichzeitig drückte er der dörflichen Pfarrkirche von Hilzingen im Hegau seinen unverkennbaren Stempel auf.

Aus seinem überaus reichen Wirken sei noch die Ausgestaltung des ehemaligen Bibliothekssaales des traditionsreichen Klosters St. Gallen hervorgehoben, ein Werk, das noch 1766 vollendet werden konnte. Schon im Frühjahr jenes Jahres, am 4. März 1766, setzte der Tod in Konstanz dem nimmermüden Schaffen Thumbs ein unwiderrufliches Ende, fand der Geist des bedeutenden Meisters des deutschen Spätbarocks und Rokokos den Weg zu seinem Schöpfer, zu dessen Lob und Preis er zeitlebens Großes vollbracht hatte, das heute noch die Menschen beseelt, ergreift, beeindruckt und in überirdische Räume entrückt.

VI.
Seltsame Geschichten

Der verkannte Maler

Im Winter des Jahres 1801 eilt schnellen Schrittes eine junge Frau – mit einem kleinen Kind im Arm – über die Höhe der Baar durch Schnee und Kälte hinunter in das Kinzigtal. Jahrzehnte später folgen einige wenige Leute einem ärmlichen Sarge auf den Haslacher Friedhof. Zwischen diesen beiden Ereignissen, die im ersten Blick nichts Außergewöhnliches aufweisen, spannt sich der Bogen eines Menschenlebens, das bereits mit dem ersten Atemzug vom Schicksal gezeichnet und von einer ergreifenden Tragik überschattet wird. Und doch birgt dieses Leben soviel Begabung, Anlage und Talent, daß sich aus ihm, gleich einer Knospe, die Blüte eines bekannten Künstlers und gefeierten Kunstmalers hätte entfalten können. Das Lebenslicht erstrahlte sogar in einer vornehmen Wohnung. Doch der Schein trügt, denn die Mutter war nur das Dienstmädchen in diesem herrschaftlichen Kreise. Deshalb mußte sie bald nach der Niederkunft am 24. Februar 1801 mit ihrem unehelichen Kind das Haus verlassen. Bei der Taufe des Bübleins wurde im Kirchenbuch der Name Carl Friedrich Sandhaas eingetragen.

Schon in der Schule in Haslach i. K. erkennt der damalige Oberlehrer Ludwig Blum die musischen Fähigkeiten, den Hang, die Freude des Buben zum Zeichnen und Malen. Der Carl erhält sogar vom städtischen Kapellmeister Flötenunterricht. Mit vierzehn Jahren nimmt Sandhaas das Felleisen auf den Rücken und wandert zum Bruder seiner ledigen Mutter, der in Darmstadt als geschätzter Hofmaler in guten Verhältnissen lebt und die künstlerischen Anlagen seines aufgeweckten Neffen fördern möchte. Unter seiner Anleitung kommt die Künstlernatur des jungen Haslachers vollends zum Durchbruch. Die anschließenden Wanderjahre führen den Kunstmaler nach Karlsruhe und Freiburg. Auf dem Wege nach Wien bleibt er aber in München, in jener Zeit ein Mekka der schönen Künste, hängen und wird Schüler des an der Malerakade-

Der »närrische Maler«
Carl Sandhaas.

mie tonangebenden Peter Cornelius. Später reist er sogar
durch Italien bis nach Neapel, um die Kunst der Römer ken-
nenzulernen und an ihr zu reifen und zu wachsen. Sein Stern
als Künstler steigt zum Zenit auf.

Als er 1830 in sein Heimatstädtchen zurückkehrt, dringt
sein Name als begehrter Porträtist, Landschaftsmaler und Dar-
steller von Szenen aus dem volkstümlichen Leben weit über
die Grenzen des Kinzigtales. Selbst die Haslacher achten ihren
Bürger, und der Stadtrat bestellt sogar bei ihm ein Gemälde für
den Muttergottesaltar. Seine ganze Kunst und Begeisterung,
ja selbst seine Liebe, wie wir gleich erfahren werden, legt er in
diesen Auftrag. Als er dann voller Erwartung seine »Himmel-
fahrt Mariens« den Stadtvätern vorführt, weichen plötzlich
Anerkennung und Wohlwollen, als einer der Betrachter aus-
ruft: »Mänsch, gucke doch ämol do na, d'Mueder Gottes hät

jo's Gsicht vu der Jäger-Mine un einer vu der Apostel isch de Moler selbst!«

Enttäuschung, Entrüstung und Ablehnung befällt die Haslacher »Kunstkritiker«, die es nicht verstehen können, daß die herzliche Zuneigung des Künstlers zur bildhübschen Tochter des fürstlich-fürstenbergischen Jägers auch auf dem Bilde seinen Niederschlag gefunden hat und nun fürderhin das Gotteshaus zieren soll. Ein Wort gibt das andere, bis Sandhaas wutentbrannt ausstößt: »Gut, dann male ich die Geburt Christi, und die Motive für Ochs und Esel suche ich beim Stadtrat!« Jetzt treffen ihn nur noch Spott und Hohn. Selbst der angehende Schwiegervater, der den Kunstmaler sowieso nur als einen brotlosen Vagabunden angesehen hat, droht ihn zu erschießen, wenn er nicht von seiner »Mine« lasse.

Niedergeschlagen entrinnt Sandhaas dem Haslacher Hexenkessel nach Freiburg. Dort erhält er wegen seinen anerkannt künstlerischen Fähigkeiten den Auftrag, für ein bekanntes wissenschaftlich-medizinisches Werk 72 Porträts (Köpfe geisteskranker Patienten) zu zeichnen. Nach getaner Arbeit eilt er freudig ins Kinzigtal zurück, um seiner geliebten Mine das Honorar zu Füßen zu legen, damit sie den hartherzigen Vater davon überzeugen könne, daß ihr Carl kein armer, nixnutziger Schlucker sei, sondern ein gutverdienender Künstler. Doch jäh beginnt der immer noch aufsteigende Stern zu schwanken: Am gleichen Tag, da er heimkehrt, erliegt seine Liebste aus Kummer und Gram einem Nervenfieber. Die Mutter kann ihren feinfühligen, grenzenlos traurigen Carl nur noch trösten.

Als der schwermütige Sandhaas auf Geheiß der Mutter zu seinem inzwischen pensionierten Vater reist, wird er von diesem nicht anerkannt und barsch abgewiesen. Mutter und Sohn trifft dieser Schlag schwer. Wenig später stirbt die vom Leben bitter Enttäuschte, die einst ihrem Carl das Künstlerblut übertragen hatte, in geistiger Umnachtung. Jetzt drücken auch den entmutigten, seelisch bedrückten Mann die immer stärker

Die Jäger-Mine war die große
Liebe des unglücklichen Malers.

werdenden Gemütsströmungen zu Boden. Die Stadt nimmt
den Spintisierer in das Spital auf. Um dieser Enge und Trostlo-
sigkeit zu entgehen, baut sich Sandhaas im »Urwald« an einer
aussichtsreichen Stelle eine Blockhütte und haust dort längere
Zeit als Eremit. Bei einem Sturm bricht in seiner Einsiedelei
ein Feuer aus (1844). Grund genug für die Stadtväter, den
»närrischen Maler« als Brandstifter mit Gewalt ins »Narren-
hiesli« zu stecken.

Es folgen zwei Jahre wohltuender Aufenthalte in der Irren-
anstalt Illenau. Wohl auf Fürsprache der Ärzte stellt die Stadt
dem Heimkehrer ein Privatzimmer bei einem Hafnermeister
zur Verfügung. Vom Schicksal gezeichnet, von der Umwelt
mißachtet, darbt er dahin, fertigt für ein paar Kreuzer, ein Bier
oder ein Vesper, Porträts an. Er will dem Teufelskreis entrinnen, verläßt die Stadt und sucht auswärts vergebens Arbeit zu
finden.

Das Sandhaas-Denkmal in Haslach.

Als er zurückkommt, wird dem Sonderling wieder der Weg ins Spital gewiesen. Tagsüber gewährt man ihm jedoch den Aufenthalt in seiner wiedererstellten Waldhütte mit dem einmaligen Blick über die Stadt und das Kinzigtal. Seine tiefe Verlassenheit, seine körperlichen und seelischen Nöte, die spöttische Verachtung und Abweisung durch seine Mitbürger vertraut er einem Tagebuch an, das er als »Spitalzeitung« betitelt. Am 12. April 1859 erlöst ihn der Tod von seinen irdischen Qualen. Jahrzehnte später bricht die Erinnerung an das verkannte Künstlergenie auf. 1888 erzählt der Volksschriftsteller Heinrich Hansjakob in seinen »Wilden Kirschen« die Leidensgeschichte des »närrischen Malers« und läßt dabei vor der Künstlernatur die originellen Seiten des Carl Sandhaas aufleuchten. Auf verschiedenen vielbeachteten Ausstellungen um und nach der Jahrhundertwende bestaunt man die Vielseitigkeit und den eigenen Stil des Haslacher Malers in seinen Aquarellen, Porträts, Naturstudien, Zeichnungen, humorvollen Darstellungen und Landschaften, zu denen ihm die heimatliche Umwelt im überreichen Maße Motive und Anschauungsmaterial lieferte. 1903 enthüllt seine Heimatstadt nach dem Wunsche Hansjakobs ihm zu Ehren in der Nähe des Spitals einen Gedenkstein.

Im 100. Todesjahr des Künstlers stellte der verdienstvolle Heimatforscher Franz Schmider erneut Leben und Werk von Carl Sandhaas in die breite Öffentlichkeit. Droben im »Freihof«, dem ehemaligen Altensitz Hansjakobs, hat die Stadt Haslach dem unglücklichen, aber doch so hochbegabten Maler eine Dauerausstellung gewidmet.

Droben aber, im Urwald, hoch über dem Städtchen, thront seit vielen Jahren an historischer Stelle die »Sandhaasenhütte«, um dem Wanderer, dem Spaziergänger die einmalige Aussicht über die herrliche Talschaft zu geben, in der einmal der geniale Maler Sandhaas lebte, liebte, freudig arbeitete, aber auch darbte und viel Unrecht ertragen und erdulden mußte.

Die Einsiedler vom Kreuzberg

Schon vor undenklichen Zeiten soll auf dem Kreuzberg über Hausach ein Kreuz gestanden haben, das viele Verehrer anzog. Der Gewanname »Kreuzberg« läßt uns diesen Hinweis als recht glaubhaft erscheinen. Einige Notizen deuten darauf hin, daß bereits vor dem Bau der jetzigen Kapelle ein kleineres Gotteshaus dort gestanden haben muß, das von wallfahrenden Gläubigen aufgesucht wurde. Die erste Erwähnung finden wir im Jahre 1601.

Einen besonderen Förderer der Wallfahrt zum Kreuzberg erhielt das die Gemeinden Hausach, Einbach und Sulzbach umfassende Kirchspiel in dem 1727 von Engen aufziehenden Pfarrer Rothweiler. Im Jahre 1742 ließ er die heute noch erhaltene Kapelle auf dem Kreuzberg erbauen und stiftete zu ihrer Unterhaltung ein Kapital von 1000 Gulden. Wie sehr die Wallfahrt in Blüte gekommen war, darf schon daraus geschlossen werden, daß an besonderen Tagen wie z. B. in der Kreuzwoche allein zwölf Geistliche als Beichtväter auf dem Kreuzberg tätig waren.

Obwohl die Kapelle in einer landschaftlich schönen wie auch beherrschenden Lage auf einem Berg erstellt wurde, wies sie doch den großen Nachteil auf, daß sie einsam und weit von der nächsten menschlichen Behausung stand. Deshalb richtete Pfarrer Rothweiler ein Gesuch an den Fürsten, man möge ihm einen Anbau für einen Wächter genehmigen. Als triftige Gründe wurden angeführt, daß der Schlüssel jeweils im eine halbe Stunde Wegs entfernten Pfarrhaus geholt werden müsse, dann die Mühe, zu jedem Gottesdienst die Kirchengewänder auf den Berg zu schleppen, denn jeden Freitag war Wallfahrtsgottesdienst. Auch der Umstand, im Winter müsse der unter das Dach eindringende Schnee sofort entfernt werden, fanden ebenso Erwähnung wie die Notwendigkeit, das Inventar zu bewachen, sei doch erst kürzlich ein Glöcklein gestohlen worden.

Die einst vielbesuchte Wallfahrtskirche auf dem Kreuzberg bei Hausach.

Nach dem Bericht des Schultheißen Pappenheim hatte sich ein Mann von »Weyler aus dem Obervogteiamt Haslach« (Fischerbach) angeboten, mit einigen »Gutthätern« die genehmigte Eremitage zu erstellen, um sie dann selbst als Einsiedler zu beziehen. Doch nach vollendetem Werk 1743 zog er nicht auf den Kreuzberg, sondern vor den Altar und heiratete.

Viele Jahre blieb die Einsiedelei leer, bis sich 1756 der Schneidergeselle Johann Christof Blattner um die Stelle bemühte. Obwohl der Bittsteller gute Empfehlungen von den Freiburger Jesuiten und sogar von der Äbtissin von Günterstal vorweisen konnte, wurde er von der fürstlichen Herrschaft »in Gnaden« abgewiesen, um das Land vor einem »perpetuirlichen Bettler« zu verschonen. Auch wurden bereits Zweifel laut, ob nach einem Ableben des Pfarrers Rothweiler die Wallfahrt im jetzigen Umfang weiter bestehen würde. Zudem war

243

der schwächliche Blattner noch mit der Fallsucht behaftet. So blieb das Häuschen für weitere Jahre verwaist.

Erst bei Pfarrer Fränklin – Pfarrer Rothweiler starb im Februar 1768 – meldete sich wieder ein Interessent. Es war der Müllerssohn Simon Glatz von Oberndorf. Er erbot sich, die bisher unbewohnte und dadurch mitgenommene Einsiedelei auf eigene Kosten wieder herzustellen. Trotz der Gunst des Pfarrers und der guten Unterstützung des Obervogtes Dornblüht, kam der Schwabe nicht zum Zuge, war er doch den Leuten in der Donaueschinger Residenz nicht nur zu jung für dieses Amt, sondern obendrein ein »Ausländer«, ganz zu schweigen von den üblen Erfahrungen, die man schon mit Eremiten gemacht habe.

Erst dem dritten Bewerber, dem Joseph Jäckle, der als Bruder Seraphim bereits seine Tauglichkeit als Einsiedler unter Beweis gestellt hatte, wurde vom Oberamt die Erlaubnis erteilt, die nun schon zwei Jahrzehnte leerstehende Klause zu bewohnen (1773). Man gab ihm sogar noch einen alten Ofen aus dem Laborantenhaus (Hammerwerk), genehmigte zwei Wagen Abfallholz aus den fürstlichen Waldungen, wie auch das Betteln in der Kinzigtäler Herrschaft.

Einige Jahre später bat der Bruder über den Obervogt den Fürsten um die Reparatur des baufällig gewordenen Hauses neben der Kapelle. Auf einen nochmaligen Bericht hin wurde dem Einsiedler zugebilligt, das notwendige Geld bei gütigen Menschen sammeln zu dürfen. Als im Dezember 1781 Bruder Seraphim verschied, wollte der Eremit Joseph Martincourt aus Rippoldsau auf den Kreuzberg ziehen. Der gebürtige Franzose war aber schon hoch in den Siebzigern. Trotzdem durfte er kommen und sein ganzes Mobilar – eine alte Matratze – mitbringen. Auf seinen Wunsch hin wurden ihm noch zwei Klafter Holz überlassen. Es wurde ihm erlaubt, bei den Bauern Getreide zu betteln.

Der altersschwache Martincourt erkrankte aber binnen Jahresfrist schwer an Wassersucht. Da im Spital kein Platz frei war, brachte der Wolfacher Eremit Fidel Krausbeck den Bedauernswerten zu seinem Bruder, dem Lammwirt, in Pflege. Der Doktor Wegbecker ließ aber keinen Zweifel mehr aufkommen, daß die Tage des Eremiten gezählt seien. Als die fürstliche Hofkammer davon erfuhr, sah sie die günstige Gelegenheit gekommen, die Einsiedelei auf dem Kreuzberg aufzuheben, um damit dem Geist der Aufklärung im eigenen Land den entsprechenden Tribut zu zollen. Fürst Josef Wenzel schrieb selbst: »Wir gedenken nicht, diese Eremitage zu besetzen, sondern solche wie andere dergleichen, soviel möglich, abgehen zu lassen.« Doch der Fürst mitsamt seiner Hofkammer hatte die Rechnung ohne den Einsiedler gemacht, der einfach nicht sterben wollte. Der Obervogt ließ ihn samt seiner alten Matratze auf einem Karren nach Donaueschingen verbringen, wo ihm vorübergehend auf »Staatskosten« im »Rößle« Unterkunft gewährt wurde.

Etwas später tauchte Martincourt wieder im Kinzigtal auf und bat um die Instandsetzung seiner Einsiedelei. Als ihm auch noch eine neue Kutte überreicht wurde, vertröstete er die Geber mit dem Hinweis, daß dies bestimmt seine letzte sei. Doch der zähe Franzose hielt die fürstlichen Amtsdiener weiterhin in Bewegung. Da er aber seinen Lebensunterhalt nicht mehr erbetteln konnte, erwog man die Einweisung in das Geisinger Spital. Auf der Baar wurde abgewunken mit der Begründung, daß kein Platz frei wäre. Nach einigem Hin und Her erklärten sich die Kapuziner von Haslach bereit, den hinfälligen Bruder aufzunehmen und bis an sein Lebensende zu pflegen.

Nach seinem Einzug ins Kloster wurde 1785 die Einsiedelei auf fürstlichen Wunsch abgerissen. Doch dem Eremiten wollte es in seiner neuen Umgebung nicht gefallen, weil er dort auf seine alte, liebgewordene Gewohnheit des Bettelns verzichten mußte. Kurzerhand ließ sich der unternehmungslustige Klosterbruder einen Paß nach Frankreich ausstellen. Der wurde ihm mit Freuden gewährt, ihm aber unzweideutig gesagt, daß er ja jenseits des Rheines bleiben solle, denn bei einer Rückkehr in die fürstenbergischen Lande sähe man in ihm nur noch einen lästigen Landstreicher.

Jahre danach ließ Martincourt noch einmal etwas von sich hören, nachdem man längst glaubte, daß ihn der französische Rasen decke: Aus Mengen kam die Nachricht, daß dort der Eremit auf der Rückreise von Rom (!) ins Spital gebracht worden sei. Nachdem den Stadtvätern von Mengen verständlich gemacht wurde, daß man mit dem Weltreisenden aber auch garnichts mehr zu tun haben wolle, geriet die Person des einstigen Kreuzberg-Eremiten endgültig in Vergessenheit; er hatte so manchen Aktenbogen füllen helfen . . .

Der Tod in den Kinzigfluten

Auch in Zeiten, da die Wasser unserer Flüsse ruhig und friedlich dem Rhein zustrebten, suchte das nasse Element nach Opfern. Ja selbst derjenige, der sich ihr zum erquickenden Bade anvertrauen wollte, war in Gefahr, ihren Tücken zu erliegen.

Einer zunächst etwas seltsamen Geschichte kommen wir auf die Spur, wenn wir von Zunsweier aus auf dem Steckertweg durch das Gewann »Im Kinzigbett« in Richtung Berghaupten wandern. Vergeblich suchen wir den Fluß »Im Kinzigbett«. Wir erspähen nur einige längst verlassene Baggerseen. Unser Fragezeichen wird noch größer, wenn wir neben einer etwa hundertjährigen markant aus dem Wiesen- und Ackerland aufragenden, weithin sichtbaren Linde einen schmucken Bildstock entdecken, auf dem wir mühelos entziffern können: »Dem verunglückten Norbert Lienhard widmet die trauernde Witwe Agatha Arnold dieses Denkmal – 1821 –«.

Etwas voreilig stellen wir einige Vermutungen über die Todesursache an dieser Wegstelle an. Kam der Unglückliche unter einen Wagen, schlug ihn ein Pferd zu Tode, traf ihn gar der

246

Blitz auf freiem Felde bei der Arbeit . . .? Wenn wir weiterlesen, erfahren wir gleich mehr: »Jung sank er unter im Kinzigbade. Aber sein Geist stieg zu Gott, denn er war gut – am 30. Juli 1820«. Neugierig gemacht, suchen wir nach weiteren schriftlichen Hinweisen, finden an der Seite des Bildstockes nur noch: »renoviert von Urenkel Lienhard 1972«.

Hier also soll der gute Norbert Lienhard aus Zunsweier beim Baden – genauer gesagt beim Baden seiner Pferde – in der Kinzig ertrunken sein, obwohl der Fluß etwa 300 m jenseits der stark befahrenen B 33 hinter dem schützenden Damm die offene Rheinebene sucht? Sehr schnell erkennt unser Auge an der Bodenform das linke Ufer und das Bett der alten Kinzig, die sich hier, von der Ohlsbacher Seite kommend, in einer weiten Schlinge gegen die Berghänge des Silbereckle und des Schelmeneckle wälzte.

Jetzt erinnern wir uns, daß sich einmal die Kinzig in unzähligen Windungen und Armen durch das Tal schlängelte, ein breites Gebiet für sich beanspruchte und nur auf dem höheren Gelände Kultur- und Ackerland zuließ. Aus Angst vor ihren gefürchteten, jährlichen Überschwemmungen wurden die Ortssiedlungen an die Talhänge gedrückt. In der eigentlichen Fluß- und Überschwemmungszone wucherten Büsche, Hekken und Gestrüpp, zwischen denen sich da und dort ein karges Weideland anbot.

Im Rahmen der Rheinkorrektion plante der badische Oberst Tulla ebenso die Begradigung der Schwarzwaldflüsse, besonders auch der Kinzig. Diese konnte jedoch erst verwirklicht werden, als das Kinzigtal dem einigenden Band des Großherzogtums Baden einverleibt wurde. Zuvor durchfloß die Kinzig allein zehn Herrschaftsgebiete, ein Nachteil, den auch die Flößer bei der jeweiligen Abgabe der Zollgebühren (Zollwehre) zu spüren bekamen. Die Korrektion zog sich über mehr als ein Jahrhundert hinweg und fand erst nach dem 2. Weltkrieg ihren endgültigen Abschluß durch die Bereinigung des Flußlaufes bei Willstätt.

Dieser Bildstock erinnert an
den Ertrunkenen.

Die ersten Arbeiten begannen bereits 1805 durch einen kurzen Durchstich oberhalb von Gengenbach. 1808 wurde der sogenannte Ortenberger Kanal angelegt. Später folgten die Regulierungen vom Gegenbacher Wehr bis zur Gemarkungsgrenze von Ohlsbach (1830/32), der Durchstich bei Ohlsbach (1837) und im Jahr darauf der bei Berghaupten. Zwischen Ortenberg und Elgersweier wurde auch eines der zahlreichen Rückhaltebecken angelegt, um zunächst bei den Hochwassern einen Teil der Wassermassen ohne Schaden vorübergehend zurückzuhalten, zu binden.

Die erfolgreiche Korrektion der Kinzig und ihre Bändigung durch hohe Dämme, schützte die Anwohner vor den Folgen des Hochwassers, schenkte der Landwirtschaft fruchtbare Nutzfläche und brachte auch dem Verkehr sowie der Flößerei große Vorteile. Die Kinzigflößerei stand im letzten Jahrhundert noch in hoher Blüte, fuhren doch beispielsweise 1870 noch etwa 300 Flöße talabwärts in den Floßhafen nach Auenheim.

St. Barbara in jeder Nacht ...

Wir folgen dem Lauf der Kinzig bis nach Schenkenzell. Dort treten wir in das Tal der Kleinen Kinzig (Reinerzau) und wandern bis zum Vortal von Kaltbrunn. Links öffnet sich der bewaldete Berghang, wir sind in Wittichen, wo einst die selige Luitgart, die Heilige des Schwarzwaldes, einer inneren Stimme gehorchend, ein Kloster gestiftet hat. In diesem Tale regierten einst jahrhundertelang Hammer und Schlägel. In vielen Stollen und Schächten suchten die Bergleute nach gleißendem Silber, stießen dabei auf Kobalt und merkten sehr bald, daß ihnen das blaue Farbpulver, das sie bis nach Holland verkauften, mehr einbrachte als das spärlich anfallende Silber. Sie wußten genau, daß der Tod ständig die Hand nach ihnen ausstreckte. Doch sie fürchteten sich nicht, im Gegenteil, der Berg war ihre Heimat. Sie legten ihr Geschick in die Hand eines Höheren. Ein altes Bergmannslied gibt davon Kunde:

> Wir Bergleute hauen fein aus dem Stein
> Silber, Gold und Erzelein.
> Da wir allzeit Gott vertrauen
> in dem Schacht, bei der Nacht,
> darf uns nicht grauen.

Der Volksschriftsteller Heinrich Hansjakob, der Schilderer des heimischen Bergbaues, berichtet, daß die Knappen vor jedem Gang in die Grube am Eingang in die Knie sanken und laut den »Glauben« und einige Vaterunser beteten, damit Gott ihnen gnädig sei.

Gegenüber der Grube St. Johann in der Nähe des Klosters der seligen Luitgart will uns ein schlichter Bildstock vom stei-

Darstellung des
Schwarzwälder Bergbaus
um 1550.

len Felsen herab eine Mahnung zurufen, die wir nicht überhören sollten:

> Siehe, heute noch ist der Mensch,
> und morgen ist er nicht mehr.
> Darum sei nicht mit Dir zufrieden
> bis du ein anderer Mensch geworden sein wirst.
> Selig sind, die im Herrn sterben.

Bartholomä Mantel, geb. den 25. August 1814.
Den 16. Juni 1847 in der nebenstehenden Grube verunglückt.

Als innige Bitte an die Vorübergehenden, lesen wir noch:

> Betet auch für mich.

Gerade das Gebet ist für den Gläubigen eine Brücke, die die Gedanken in das Reich der Toten trägt, für ihn sind die Entseelten nur in ein ander Land gefahren. Für die Bergleute war der Tod ein vertrauter Bruder, dem es täglich zu entrinnen galt. Am 4. Dezember, dem Namensfest ihrer Schutzpatronin St. Barbara, ruhte die Arbeit, aber im Stollen brannte ihr zu Ehren ein Licht, auf daß der Bergmann unter Tage nicht vom Tod überrascht werde. Während der Vater in die Erde einfuhr, betete das Kind des Bergmannes zu Hause:

> St. Barbara, in jeder Nacht
> Fahr mit dem Vater in den Schacht!
> Steh du ihm bei in jeder Not,
> Bewahr ihn vor dem jähen Tod!

Gegen den jähen, plötzlichen Tod wurde auch der hl. Christopherus angerufen. Wer sein Bild anschaute, sollte an diesem Tag dem Tod nicht begegnen. An der Außenwand der Kirche des alten Bergwerksstädtchens Prinzbach und an der Bergmannskirche in Hausach-Dorf prangt das Bild des Christusträgers. Es ist der Wunsch des frommen Christen, daß in der Sterbestunde der hl. Christopherus die scheidende Seele wohlbehalten an das andere Ufer trage, wie einst den Herrn über Leben und Tod.

Die Wohltaten eines Scharfrichters

In früheren Zeiten hatte Hausach zwischen den beiden anderen fürstenbergischen Amtsstädtchen Wolfach und Haslach gar wenig zu melden. Erst etwa um die Mitte des letzten Jahrhunderts, vor allem im Gefolge des Bahnbaus, erwuchsen dem Gemeinwesen unter der Burg Husen, wegen seiner günstigen Lage an einem verkehrsreichen Knotenpunkt im Kinzigtal, nach und nach Aufgaben und Vorteile zu, die seine zentrale Bedeutung immer mehr unterstreichen. Doch ein Blick in die

Stadtgeschichte zeigt uns, daß Hausach bereits schon einmal vor langer Zeit eine sogenannte »mittelzentrale« Funktion ausübte: es beherbergte in seinen, richtiger gesagt, außerhalb seiner Mauern, den Scharfrichter für die Landgrafschaft der Fürstenberger im Kinzigtal.

Dieser Hochgerichtsbezirk umfaßte die Städte Haslach, Hausach und Wolfach und die dazugehörigen umliegenden Stabsgemeinden. Das Hohe Gericht tagte abwechselnd in einer der drei Kinzigtal-Städtchen, die Vertreter aus ihren Ratsgremien als Mitglieder in diese honorige Runde entsandten. Allerdings wollte man von einem gemeinsamen Galgen nichts wissen. So hatten die Wolfacher beim »Galgengrün«, unweit der Mündung des Kirnbaches in die Kinzig, ihre Todesstätte, während die Todeskandidaten von Haslach auf den »Galgenbühl« geschleppt wurden. In Hausach errichtete man einmal zu Beginn des 18. Jahrhunderts zur Abschreckung wegen der ungetreuen »Bergbursch« beim Bergwerk einen »Schnellgalgen«.

Noch heute erinnert in Hausach die »Meistergasse« und das »Meisterhaus« daran, daß früher der »Meister« oder Scharfrichter hier wohnte. »Meister« wurde der Henker genannt, weil er gleichzeitig auch das Amt des »Wasenmeisters« (Abdecker) in der Herrschaft versah. Allerdings besserte er seine Einnahmen auch als Heilkundiger für Mensch und Tier auf, worüber einige Beschwerdebriefe der »Chirurgen« und »Barbiere« Auskunft geben. So wird Klage geführt, daß der Scharfrichter Reichle viel im Oberamt »medizinierte«, den gelernten Konkurrenten ins Handwerk pfuschte. Daraufhin wurde ihm verboten, Einheimische zu behandeln. Vieh durfte er weiterhin »kurieren«.

Da der Scharfrichter der Volksmeinung nach ein »unehrliches« Handwerk betrieb, wurde er gemieden und mußte außerhalb des städtischen Wohnbezirks mit seiner Familie hausen. Deshalb wurde das heute noch respektable Gebäude des herrschaftlichen Scharfrichters im Jahre 1652 weitab von

In diesem Haus wohnte einst der Hausacher Scharfrichter.

anderen menschlichen Behausungen auf halbem Weg zwischen der Stadt und der Dorfkirche an den Dietersbachweg gesetzt. Da es sich dabei um eine überörtliche Einrichtung handelte, mußten die Wolfacher für diese »Dienstwohnung« die Hälfte der Frongelder aufbringen, während die Einbacher Bauern für die Fuhr- und Handfronden aufkommen mußten.

Durch Zufall wurde die »Bestallung für den scharpfrichteren zu Haußach« aus dem Jahre 1630 aufgefunden. Dieses Dokument gewährt einen interessanten Einblick in das »Dienstleistungsgewerbe« des Scharfrichters, denn die Urkunde beinhaltet gleich einer Preisliste sämtliche Aufgaben und Pflichten des Meisters mit der entsprechenden Entlohnung, die er für seine Arbeit fordern durfte. Da lesen wir:

»Erste: Von einer Malefitz Persohn mit dem schwerth zu richten ist – der lohn – 3 Gulden, Item von einer zu verbren-

nen – 2 Gulden, Item von einem zu strekhen (auf der Folter) –
3 Kreuzer, Item vom auf zu warthen (zuzurichten) – 15 Kreuzer, Item für den gang – 6 Kreuzer, Item von einer Persohn zu
dumlen (durch Würgen bewußtlos machen) – 15 Kreuzer«.
Weitere Dienste des Strafvollzugs sind: »vom scheiterhaufen
zu machen« – »von der Aschen zu verdelben und von der
grueb zu machen« – »für schaufeln und hauen« – »für den
stuehl« – »für die strikh und handschue« – »von Einer Malefiz
Persohn zu rädern und zu henkhen« – »ohr und halß Eißen zu
stellen« – »mit ruethen auß zu streichen« – »eine Persohn mit
glühende Zang berürhen« – »so einer von dem hochgericht
herabfalt, od sonsten herab getan wird zu vergraben« – »So
sich ein mentsch (:daß der allmächtige abwenden wolle:) sich
selbst erhenkht, od sonsten entleibt, denn maist (Leichnam)
vom ablößen und zuem hochgericht zu laisten (schleifen) – zu
vergraben« – »den galgen auf den rukhen zu brennen« – »von
Einem ohr hinweg zu schneiden ist mein Lohn 1 Gulden 30
Kreuzer«.

Nach dieser Aufzählung wundert es uns nicht, daß im Nach-
laß eines Hausacher Scharfrichters »herkommende Instru-
menta nemblich das Richtschwerdt, zwey Seithen gewöhr, als
ein Hirschfänger und ein Sabel, ein Flinten, ein paar Pistolen,
dann Foltherzeug, nemblich Flaschenzug, ein paar spanisch
Stiffel, ein Thaum-Stockh . . .« aufgezählt wurden.

Was wir sind, werdet ihr sein!

Ein altes Sprichwort sagt: Man soll die Kirche im Dorf lassen.
Tatsächlich finden wir bei den meisten Dörfern und Städten
die Kirche in etwa im Mittelpunkt der menschlichen Siedlungen. Ebenso war der »Kirchhof« – der Hof um die Kirche – als
Begräbnisstätte der Verstorbenen um das Gotteshaus angelegt. Dadurch sollte auch die stetige Verbindung der Lebenden
mit den Toten gegeben sein, die mit jedem Kirchenbesuch

durch das jeweilige kurze Verweilen an den Gräbern der Lieben erneut bekräftigt wurde. Man verdrängte nicht den Tod als unabänderliche Gewißheit, sondern man hatte das Ende des irdischen Daseins stets vor Augen.

Allerdings ging es auf diesem Friedhof inmitten der Wohnhäuser eng zu, dicht drängten sich die Gräber an das Haus Gottes. Deshalb mußten die Grablegen nach nicht allzu langer Zeit wieder eingeebnet werden, um wieder Platz für die Hingeschiedenen zu haben. Stieß nun der Totengräber beim Ausschachten eines neuen Grabes auf die Gebeine eines längst Verblichenen, so wurden diese, aus Ehrfurcht vor den Toten, in das »Beinhaus« gebracht, das sich in den meisten Fällen in unmittelbarer Nähe des Gotteshauses befand oder mit diesem direkt verbunden war. In Hausach-Dorf, wo der Friedhof heute noch Kirchhof ist, wurden die sterblichen Überreste im Beinhaus unter der Sakristei in einem kellerartigen Raum gesammelt und aufbewahrt. In Schenkenzell erinnert bei der Kirche die neugefaßte Gedenkstätte für die Gefallenen an das einstige Beinhaus. Sehr anschaulich können wir im elsässischen Dambach (la Ville) in der von Rebbergen umrankten Sebastianskapelle ein Beinhaus betrachten. Dort ruhen eine Unzahl von Skeletteilen, Knochen und Totenschädel unter der Sakristei. Der Anblick der Gebeine, noch mehr dieser Spruch lassen uns nachdenklich werden:

»Was ihr seid, sind wir gewesen.
Was wir sind, werdet ihr sein«.

Nicht weit davon, bei Epfig, an der altehrwürdigen, kunstvollen Margarethenkapelle im dortigen Friedhof, treffen wir ebenfalls auf ein erhalten gebliebenes Beinhaus. Hier sind die Gebeine fein säuberlich aufgeschichtet.

Vor einiger Zeit besuchte ich ein altes Dorfkirchlein im Taubergrund. Zuletzt führte uns der Mesner auf den Kirchenspeicher, um uns etwas Besonderes, etwas Einmaliges zu zeigen: einen »Pestsarg«. Da die Pestilenz, so wurde erklärt, so viele

Das Beinhaus unter der
Sebastianskapelle
bei Dambach la Ville.

Menschen hinwegraffte, konnte nicht für jeden Toten ein Sarg
hergestellt werden. Deshalb wurden die Bedauernswerten in
diesem Gemeinschaftssarg nacheinander beerdigt. Die verhältnismäßig guterhaltene Bretterkiste, wie auch die damals
große Angst vor Ansteckung ließen in mir Zweifel an der
Bezeichnung Pestsarg aufkommen.

Und doch, in einer Tageszeitung vom Juli 1892, die mir in
die Hände kam, las ich, daß man auf dem Kirchenboden einer
kleinen Dorfkirche einen eigenartigen Sarg gefunden habe«.
Oben ist der Sarg mit einem Deckel versehen, während an der
unteren Seite eine Falltüre angebracht ist«, unterrichtete die
Presse. »Über dem Grab öffnete man die Falltür, sodaß die
Leiche in dasselbe hinabfiel«. Auch in diesem Fall vermutete
man, einen »Pestsarg« gefunden zu haben. Man glaubte aber
auch, daß solche Särge für arme Leute – als »Armensarg« – ver-

wendet wurden, deren Angehörige sich keinen Sarg leisten konnten.

Doch ich glaube, daß ich der Auflösung dieses Rätsel näher gekommen bin, als ich auf eine andere Quelle stieß. Danach verbot der jeglicher Volksfrömmigkeit abgeneigte, reformsüchtige österreichische Kaiser Joseph II. (um 1780) aus Sparsamkeitsgründen die Anfertigung von Einzelsärgen. Dafür ordnete er an, daß jede Gemeinde sich eine »Holzkiste mit Fallboden« zur Bestattung der Toten anzuschaffen habe. Diese ärmlichen Kisten waren dann wahrhaftig nur noch »Armensärge«. Bekanntlich wurden in den Jahren des »Josephinismus« viele historisch geprägte kirchlich-religiöse Bräuche und Gewohnheiten, wie beispielsweise in unseren Breiten Wallfahrten, untersagt.

Ich bin mir sicher, daß nach dem Ableben jenes aufklärerischen Kaisers diese abstoßenden, pietätlosen Kisten nach und nach auf den Kirchenspeichern landeten, vergammelten und dann zusammengeschlagen wurden. Deshalb sind uns noch wenige dieser »Pest«- oder »Armensärge« erhalten geblieben.

Drei Namen für eine Wirtschaft

Wer durch unsere Schwarzwaldtäler reist, dem wird es nicht entgehen, daß zahlreiche einladende Gasthäuser seinen Weg säumen und zu stärkender Einkehr verlocken. Eines aber wird der Gast vergeblich suchen: eine Wirtschaft mit drei Namen! Dazu muß er seine Schritte schon ins Harmersbachtal lenken und den einstigen Hauptort bäuerlicher Reichsfreiheit, das langgezogene, große Dorf Oberharmersbach aufsuchen. Dort steht, unübersehbar zwischen Rathaus und der Kirche St. Gallus, das Gasthaus »Zur Stube, Zum Sternen und den Drei wilden Schweinsköpfen«. Dieses gastliche Haus ist eng mit der Geschichte des Reichstales Harmersbach verbunden und ist wohl das älteste Wirtshaus der Talschaft.

Machen die drei Bezeichnungen den Fremden stutzig, so können sie uns doch einigermaßen Aufschluß über die Geschichte und Entstehung des Hauses geben, obwohl gleich zu bemerken ist, daß dort, wo die geschichtlichen Tatsachen aufhören, der Boden der Vermutung, ja der Sage betreten wird. Doch nicht nur die Hausgeschichte, auch die Entwicklung der Talschaft gibt dem Heimatforscher noch viele ungelöste Rätsel auf.

So läßt sich nicht beweisen, daß der hl. Gallus, der Apostel der Alemannen und Patron des Harmersbachtales, jemals seinen Fuß in diese gottgesegnete Au setzte, geschweige sich darin für einige Zeit aufhielt. Versuchen wir nun, die Herkunft der drei Bezeichnungen für dieses Gasthaus zu ergründen.

Der Name »Zum Sternen« möchte uns gerne zu der Annahme verleiten, daß dieses Haus im Mittelalter eine Wanderherberge gewesen sei. Bekanntlich zählten die Hl. Drei Könige jahrhundertelang zu den meistverehrten Reisepatronen. Die Verehrung der Drei Weisen setzte in Deutschland ein, als im 12. Jahrhundert die Gebeine der Heiligen Drei Könige nach Köln überführt wurden. In der Folgezeit gab man den Herbergen vornehmlich die Namen »Drei Könige«, »Zur Krone«, »Zum Mohren«, aber auch »Zum Sternen«, um damit für das Haus und seinen durchziehenden Gästen den besonderen Schutz der Reisepatrone zu erhalten. So wie einst der Stern am Himmel den königlichen Reiseleuten den Weg durch Nacht, Gefahr und Unbilden sicher nach Bethlehem zum Stall wies, sollte die benannte Herberge »Zum Sternen« bei dem fremden Wanderer Vertrauen erwecken.

So eigenartig der Name »Zu den drei wilden Schweinsköpfen« klingt, so sagenhaft ist auch seine Erklärung. Da wird erzählt, Kaiser Wenzel (1361–1419) habe auf seiner Reise durch das Renchtal hinauf in die schwäbischen Lande auch dem Harmersbachtal einen kurzen Besuch abstatten wollen. Als ihm dabei räuberisches Gesindel nachstellte, floh der Kaiser in ein Bauernhaus, wo er in einem Stall bei drei grunzen-

Das Gasthaus mit den drei Namen in Oberharmersbach.

den Borstentieren die gleich einsetzende Durchsuchung des Gehöftes glücklich überstand. Zum Dank gab der kaiserliche Flüchtling dem Tale die Reichsfreiheit, ernannte den Bauern zum ersten Reichsvogt und verlieh dem Hause die Wirtschafts- und Schildgerechtigkeit »Zu den drei wilden Schweinsköpfen«. Hansjakob führt die Herkunft des Namens darauf zurück, daß die Harmersbacher als freie Reichsbauern auch das Jagdrecht ausüben durften und zum Zeichen dieses kaiserlichen Privileges die Köpfe der erlegten Wildschweine an das Rathaus – die »Stube« – nagelten.

Besser und eindeutiger läßt sich der Name »Zur Stube« erklären. Solange das Reichstal Harmersbach bestand, diente das Gebäude als Rathaus, als Ratsstube, zu der die Leute einfach »Stube« sagten. Hier tagte aber nicht nur der Reichsvogt mit seinen Ratsherren, im gleichen Haus waltete auch ein Wirt seines Amtes. Er verköstigte die Einwohner, die auf dem Amt zu tun hatten. Auch brauchten die Ratsherren nach den Sitzungen nicht weit zu gehen, um den Durst zu löschen. Um 1700 war ein gewisser Hans Michael Kantner Stubenwirt, doch die »Stube« selbst war Eigentum des Reichstales und wurde meist auf fünf Jahre verpachtet. Dies geht deutlich aus dem Leben des letzten Reichsvogts Johann Georg Bruder hervor, der 1771 die Stube für fünf Jahre pachtete und anschließend nochmals für die gleiche Zeit. Aber am 13. Januar 1777 wurde der »Hansjörg« zum Reichsvogt gewählt und mußte deshalb aus verständlichen Gründen nach Ablauf der Pachtzeit im Jahre 1781 auf die Wirtschaft verzichten.

Diesem letzten Reichsvogt setzte Hansjakob in seiner gleichnamigen Erzählung ein Denkmal, und nicht nur ihm, sondern dem Leben und Treiben im ganzen damaligen Reichstal. Launig schildert der Volksschriftsteller seinen Besuch in der ehemaligen »Residenz der Talgewalt«, in der »Stube«. Anerkennend stellt er dabei fest, daß einst die Äbte und Oberschaffner des Klosters Gengenbach, die einigemale im Jahr ins Tal kamen, nicht besser verköstigt worden seien als er. Einer dieser klösterlichen Oberschaffner, der die »Stube« aufsuchte, war der Großvater von Viktor v. Scheffel.

Als das Reichstal dem jungen badischen Staate einverleibt wurde, ging auch die »Stube« in private Hände über. Allerdings mußte der Wirt dem Vogtamt und dem Gericht das bisherige Ratszimmer zur Verfügung stellen und im Winter auf eigene Kosten heizen. Das Grundbuch zeigt aber, daß die »Stube« in den folgenden 100 Jahren viele neue Wirte sah. Im Oktober 1884 erhielt Oberharmersbach, wie es ab 1803 genannt wird, eine eigene Postagentur, die in der »Stube« untergebracht wurde. Von hier aus fuhr der Postwagen nach Zell und zurück, bis im Dezember des Jahres 1904 die neu eröffnete Bahnstrecke Biberach-Oberharmersbach-Riersbach den Postillionen die Peitsche für immer aus der Hand nahm.

KURT KLEIN

Unbekannter Schwarzwald

Erzählungen und Berichte über Landschaft, Menschen und Brauchtum
Mit 45 Abbildungen des Autors
144 Seiten, gebunden

Der durch zahlreiche Buchveröffentlichungen weithin bekannte Schriftsteller, Heimat- und Volkskundler Kurt Klein lenkt in seinen Veröffentlichungen wiederum die Aufmerksamkeit auf den Schwarzwald und die unmittelbar angrenzenden Gebiete. Als liebenswerter Schilderer von Land und Leuten will er auf wenig bekanntes, altes Kulturgut, Verrinnendes und noch Gegenwärtiges hinweisen. Dafür stellt er in der ihm eigenen volkstümlichen Sprache, verschiedentlich durch Dialektausdrücke gewürzt, fernab von einem gekünstelten Heimatpathos die Landschaft dieses Gebirges, Originale und Originelles in unterhaltsamer Weise vor. Er läßt aber auch jahreszeitliches Brauchtum aufleben, skizziert interessante Persönlichkeiten, die dem Schwarzwald erwachsen sind, um sie vor Vergessenheit zu bewahren. Der Autor stellt in seinem »Unbekannten Schwarzwald« erneut unter Beweis, wie gut es ihm gelingt, ins Volk, in seine Heimat hineinzuschauen. Als heimatkundliche Fundgrube und als kurzweilige Lektüre spricht das Buch mit seinen Erzählungen und Berichten den Einheimischen wie den Gast gleichermaßen an.

KURT KLEIN

Schwarzwälder Kalenderblätter

Ein Gang durch das volkstümliche Jahr. Mit 70 Fotografien des Autors
288 Seiten, gebunden

Volkstümliche Betrachtungen zu markanten Tagen und Anlässen im Ablauf des Natur- und Kirchenjahres, Sitte und Brauchtum im Leben der Familie und der Gemeinde u. a. an Dreikönig, Fasnacht, Funkensonntag, Palmsonntag, Ostern, Walpurgisnacht, Pfingsten, Johannistag, Kräuterbuscheltag, Erntedank, Martini, Advent, Nikolaus und Weihnachten, Lostage und Wetterregeln. Unterhaltsam informierend, aber auch ermunternd und verklärend zeichnet der Autor die Monate und besonderen Tage im Jahreslauf auf, um damit den Menschen unserer Tage für besinnliche Augenblicke aus dem hektischen Räderwerk des Zeitstroms zu entführen. Dabei sollen das heimat- und naturverbundene Denken und Fühlen angeregt und vertieft werden. Ebenso will das Buch Herz, Seele und Gemüt erfreuen und all jene ansprechen, die sich noch den Blick für das Echte und Schöne bewahrt haben. Als »Brevier des Herzens« möchte es mit jedem Kalenderblatt ein Lichtlein entzünden, das erleuchtet und erwärmt, als unaufdringlicher Begleiter durch das volkstümliche Jahr führen. Der Volkskundler bemüht sich aber auch, die vielfältigen Bräuche, die größtenteils weit über den Schwarzwald hinaus Gültigkeit haben, nach Ursprung und Zweck zu erklären und zu deuten.

WALDKIRCHER VERLAG

KURT KLEIN

Der Kinzigtäler Jakobusweg

Ein reich bebilderter Wanderführer durch die Landschaft des
mittleren Schwarzwaldes von Loßburg nach Schutterwald
234 Seiten, Broschur mit Fotos des Autors und einer Übesichtskarte

Der geschätzte Autor verschiedener Wanderbücher möchte mit diesem Wanderführer den heimatbegeisterten Wanderer auf dem von ihm ins Leben gerufenen, über 100 Kilometer langen »Kinzigtäler Jakobusweg« begleiten. Wie es jedoch vom Verfasser aufgrund seiner bisherigen erfolgreichen Veröffentlichungen nicht anders zu erwarten ist, beschreibt er nicht nur den Weg, sondern liefert kenntnisreich auch viele heimatkundliche Informationen über Land und Leute, einsame Wallfahrtsorte, Kirchen, Klöster, Kapellen, Burgen und Schlösser. Noch mehr, auf dem Gang zu den Verehrungsstätten des hl. Jakobus im Kinzigtal, läßt der Heimatpreisträger des Ortenaukreises immer wieder Hinweise und Erinnerungen an den großen, historischen Pilgerweg, den »Camino«, durch Nordspanien einfließen. Dadurch wird die Wanderung durch die heimatlichen Gefilde, die den Menschen zunächst für eine kurze Zeit aus den Getrieben des Alltags entführen möchte, auch zu einem geistigen Nachvollzug einer Fahrt zum Grab des Apostels, einer Reise, der von jeher bis in unsere Tage eine europäische Bedeutung beigemessen wurde.

KURT KLEIN

Zibärtle aus dem Schwarzwald

Originale und Originelles in dreißig Erzählungen
Mit 40 Abbildungen, 160 Seiten, gebunden

Mit einer Auswahl seiner schönsten Erzählungen und Berichte will der bereits durch zahlreiche Buchveröffentlichungen hervorgetretene Autor einen Einblick in sein jahrelanges vielfältiges literarisches Schaffen über den Schwarzwald, seine Landschaft und seine Menschen geben. Er läßt die Höhen und Tiefen des Schwarzwaldes aufleuchten, wenn er von den Freuden und Leiden des Volkes auf dem Weg durch das Jahr erzählt. Auf der Suche nach den Originalen finden wir vergessene Schicksale und lassen uns auf der Ofenbank unterhalten. Mit dieser Veröffentlichung ist ein lebendiges Mosaik über das Volksleben entstanden, das den Geist, Herz und Gemüt ansprechen soll. Der Verfasser sieht in jeder Geschichte ein »Zibärtle«, eine jener auf den Höhen des Schwarzwaldes halbwild wachsenden, kernig schmeckenden Früchten, die er gerne zum Kosten reicht.

WALDKIRCHER VERLAG

Kurt Klein: Heckenrösle aus dem Schwarzwald
Erzählungen
mit zahlreichen Fotografien des Verfassers
Herstellung: Waldkircher Verlagsgesellschaft mbH, 79183 Waldkirch
ISBN 3-87885-307-6
Waldkircher Verlag 1995

Die Deutsche Bibliothek – CIP-Einheitsaufnahme

Klein, Kurt:
Heckenrösle aus dem Schwarzwald : Erzählungen und Berichte
über Land und Leute / Kurt Klein. – Waldkircher
Verl., 1995
ISBN 3-87885-307-6